Du même auteur, aux éditions Leduc.s

Mes petites recettes magiques à la plancha, 2011.
La levure de bière, c'est malin, 2011.
L'argile, c'est malin, 2011.
Le sel malin, 2010.
Le chlorure de magnésium malin, 2010.
Mes petites papillotes magiques, 2010.
Le raisin malin, 2010.
Les 30 ingrédients de la cuisine bio, 2010.
Soupes brûle-graisses, 2010.
Le miel malin, 2010.
100 réflexes mariage bio et durable, 2010.
Yaourts inratables, 2010.
Le pamplemousse malin, 2009.

Maquette : Nordcompo

17, rue du Regard
75006 Paris – France
E-mail : info@editionsleduc.com
ISBN : 978-2-84899-473-4

ALIX LEFIEF-DELCOURT

L'AIL MALIN

LEDUC.S ÉDITIONS

Mise en garde

Les conseils santé proposés dans ce livre ne dispensent pas d'un diagnostic et d'un avis médical.

« Ail le matin, oignon le soir,
est le malheur du médecin. »
PROVERBE AUVERGNAT

Sommaire

Introduction

L'ail, c'est bon pour la santé ! Nous le savons tous (ou presque), mais nous avons tous (ou presque) tendance à l'oublier. La raison ? Sa mauvaise réputation ! Au menu des accusations : il est difficile à digérer, donne mal au ventre et surtout confère à l'haleine une odeur peu avenante ! Voilà pourquoi il n'a pas su prendre, dans notre alimentation et notre vie quotidienne, la place qui lui revient de droit.

Et pourtant, l'ail n'est pas seulement un remède de grand-mère : il est bien plus que cela ! Et aujourd'hui, de nombreux scientifiques du monde entier se penchent sur ses composants pour en explorer tous les secrets. Parmi ses multiples vertus, citons ses effets protecteurs sur le système cardio-vasculaire, son efficacité dans la protection contre certains types de cancer, ses incroyables propriétés antivirales et antibactériennes, son action bénéfique sur le système immunitaire…

En application locale ou en cure, sous forme crue ou d'huile essentielle, l'ail fait des merveilles sur la santé en général. C'est aussi un remède beauté bien utile en cas de boutons ou de chute de cheveux, un allié contre les insectes dans la maison et au jardin, sans oublier son goût inimitable en cuisine. C'est sûr, après la lecture de ce guide, vous ne pourrez plus vous en passer !

PARTIE I

Portrait express

CHAPITRE I

Histoire d’une petite gousse

Dans la grande famille des alliacées...

L’ail cultivé (ou *Allium sativum*) est une plante aromatique de la famille des alliacées, composée en grande partie de plantes à bulbes. Il fait plus précisément partie du genre *Allium* comme l’oignon, le poireau, l’échalote, la ciboule, la ciboulette…

Le saviez-vous ?

Le mot ail viendrait du celte *all* qui signifie chaud, brûlant, âcre (et qui a donné le nom du genre *Allium*). Peut-être en raison de son goût ou bien... de ses prétendues vertus aphrodisiaques ?

Cette plante potagère se compose de plusieurs parties :

- La **tête** ou le **bulbe** : c'est en fait la racine de la plante. Elle-même est formée d'une dizaine de **gousses** ou **caïeux** (généralement de 10 à 16), réunis entre eux et recouverts d'une membrane blanche.
- Une **tige** longue qui peut atteindre jusqu'à 1 mètre de haut, enserrée de nombreuses **feuilles**. Elle porte de jolies **fleurs** blanches ou rose pâle.

Les tiges peuvent être nouées entre elles pour former une **tresse** que l'on suspend dans la cuisine. L'ail (et notamment l'ail rose de Lautrec) peut également être conditionné en **manouille** : les têtes sont déshabillées de toutes leurs peaux, sauf la dernière, de manière à entrevoir leur jolie couleur rose, puis fixées entre elles à l'aide d'une ficelle. C'est un travail long et délicat, qui fait d'ailleurs l'objet d'un concours lors de la traditionnelle fête de l'ail rose de Lautrec, chaque année en août*.

---

* Plus d'infos sur www.ailrosedelautrec.com

Un ail, des... aulx ?

Au pluriel, doit-on dire « des ails » ou « des aulx » ? Réponse : les deux existent et sont possibles ! Quand on parle de l'ail en tant que condiment, il faut dire « des aulx ». Mais si l'on parle de la plante, il faut dire « des ails ». Mais nul ne vous le reprochera si vous employez l'un à la place l'autre !

Un remède millénaire

L'ail est **une plante très ancienne** : on estime qu'elle est apparue, sous sa forme cultivée, il y a plus de cinq ou six mille ans, sûrement en Asie centrale (même si plusieurs pays s'en disputent la paternité !). Sa culture s'est rapidement répandue dans toute l'Asie et en Europe, par le biais des nomades, puis en Amérique, grâce aux explorateurs qui l'ont ramené dans leurs bagages. Résultat : l'ail est aujourd'hui **l'une des plantes les plus cultivées et les plus commercialisées au monde**. Résistante et peu difficile, elle s'adapte facilement à tous les climats. Voilà pourquoi on la retrouve aussi bien dans les cuisines asiatiques qu'européennes ou américaines !

Toutes les grandes civilisations, des Égyptiens aux Romains, des Chinois aux Grecs, ont érigé l'ail au rang de remède universel contre de nombreux maux. Quelques exemples…

- **En Égypte ancienne,** l'ail était utilisé pour lutter contre l'hypertension, les troubles cardiaques et les parasites. C'était aussi un **symbole de force, de résistance et de courage**. On en donnait d'ailleurs aux esclaves qui construisaient les pyramides afin de les aider à mener à bien cette mission, et d'améliorer leur productivité. Le pharaon Khéops fit même graver une gousse d'ail au sommet d'une des pyramides de Gizeh !
- **Chez les Grecs et les Romains,** l'ail était prisé pour ses **vertus tonifiantes, anti-infectieuses et bonnes pour le système cardio-vasculaire**. Il permettait aux soldats et aux athlètes d'améliorer leur force et leur endurance, et donc leurs performances. Dans sa célèbre encyclopédie en 37 volumes, baptisée *Histoire naturelle*, Pline l'Ancien (23-79) écrit : « L'ail a des propriétés puissantes et peut devenir d'un grand appui contre les changements d'eau et de résidence. C'est un antidote contre les piqûres de musaraignes, les morsures de chiens et de serpents. Il neutralise les effets nocifs de certaines plantes vénéneuses. » Cent ans plus tard, le célèbre

médecin grec Galien l'utilise aussi comme remède antipoison.

- Au Moyen Âge, il servait à **se protéger des plus graves maladies** comme la peste, la lèpre ou le choléra. On en consommait notamment sous forme de mélange d'ail cru et de vinaigre. On en parsemait aussi sa maison ou on en portait sur soi pour se protéger des mauvais esprits qui, disait-on, propageaient les maladies.
- Henri IV en était un grand fan : il en consommait tous les jours car, à l'époque, l'ail était aussi considéré comme un **aphrodisiaque efficace** ! Pour la petite histoire, lorsque son corps fut exhumé de son caveau, pendant la Révolution française, son état de conservation exceptionnel fut immédiatement relié au fait qu'il consommait de l'ail en grande quantité.
- Au XIXe siècle, il suscita l'intérêt de Louis Pasteur, qui démontra ses propriétés d'**antibiotique naturel**. Pendant la Seconde Guerre mondiale, d'ailleurs, il fut largement utilisé pour désinfecter les blessures des soldats, ou comme alternative aux antibiotiques. Il porta d'ailleurs, pendant un temps, le nom de « pénicilline russe ».
- Aujourd'hui encore, la médecine moderne s'intéresse à ses multiples vertus. Car l'ail n'est pas seulement un remède de grand-mère : ses

atouts santé sont étayés par de très nombreuses recherches. Et des scientifiques du monde entier étudient encore de très près ses **bienfaits sur le système cardio-vasculaire** ou la **prévention des cancers**. Car l'ail n'a pas encore révélé tous ses secrets…

La thériaque des pauvres

Au fil des siècles, l'ail fut affublé de nombreux surnoms : rose puante, tueur de monstres... mais aussi « thériaque du pauvre ». La thériaque (du grec *thériakos*, « bon contre les bêtes sauvages ») est un remède très ancien inventé par Andromaque l'Ancien, médecin de Néron, au Ier siècle après J.-C. Cette pâte, que l'on pouvait prendre sous forme de potion ou de pommade, se composait d'une soixantaine de plantes, de drogues, notamment de l'opium et de la chair de vipère. Ce remède extraordinaire est resté populaire pendant des siècles et des siècles ! Au XIVe siècle, on le recommandait notamment pour lutter contre la peste. Sa recette a beaucoup varié, mais le mot est resté pour désigner une panacée, un remède qui peut tout guérir. L'ail fut ainsi surnommé car il était considéré, lui aussi, comme un excellent contrepoison... avec l'avantage d'être meilleur marché, et donc beaucoup plus accessible aux pauvres.

Légendes et croyances

De tout temps, les superstitions, les légendes et les croyances sont nombreuses à propos de l'ail. Sûrement en raison de son odeur si particulière et si tenace propre à éloigner toutes les formes du Mal. Ainsi, l'ail était réputé pour repousser :

• **Les vampires.** Plusieurs explications sont avancées pour expliquer cette légende. Selon certaines sources, elle trouverait son origine dans une maladie : la porphyrie. Chez les personnes atteintes, la lumière du soleil entraîne la production d'un composé toxique dans le sang. Résultat : des accès de violence incontrôlée, une déformation des dents et leur coloration en rouge !

Comme les vampires, ces personnes sont donc condamnées à vivre dans le noir, à ne sortir que la nuit et à... éviter l'ail. Sa consommation est en effet déconseillée car elle est susceptible d'aggraver le phénomène (à cause des propriétés de fluidifiant sanguin de la plante) et de déclencher des crises à répétition. Autre explication : l'ail est capable de repousser les tiques... et donc aussi d'autres suceurs de sang que sont les vampires. D'autres encore avancent que les vampires fuient l'ail car il fluidifie le sang de leurs victimes potentielles. Celles-ci meurent donc trop vite après leur morsure fatale, en perdant leur sang rapidement. Or les vampires n'aiment que le sang frais, sucé sur une victime encore bien vivante...

- **Le diable,** notamment dans la culture islamique. Selon la croyance, l'ail aurait poussé sur une empreinte de Satan lorsqu'il fut chassé du paradis...
- **Les sorcières.** Au Moyen Âge, les enfants portaient des gousses d'ail autour du cou pour les repousser !
- **Les serpents** et les scorpions.
- **La folie**, la malchance...
- **Les tempêtes** et les monstres marins, les changements de temps...

Le saviez-vous ?

À la fin du XIXe siècle, les marchands d'ail venaient de toute la France pour vendre leur récolte à Paris. Tous portaient le même pull : c'était le signe de leur corporation. D'où l'origine du mot chandail, dérivé de... marchand d'ail !

CHAPITRE 2

Des richesses extraordinaires

Petite fiche d'identité de l'ail

L'ail est l'un des rares végétaux à concentrer autant de composés bénéfiques pour la santé : acides aminés, vitamines, minéraux et oligo-éléments… et surtout des composés soufrés, qui sont à l'origine de la majorité de ses propriétés pharmacologiques.

Composition moyenne pour 100 g d'ail*

Valeur énergétique	135 kcal (soit 4 kcal env. par gousse)
Eau	64 g
Glucides	27,5 g
Protides	6 g (notamment 17 acides aminés, dont tous les « indispensables »)
Lipides	0,1 g
Fibres	3 g

Minéraux et oligo-éléments	
Soufre	200 mg
Phosphore	144 mg
Germanium organique (voir p. 30)	75,4 mg
Calcium	38 mg
Chlore	30 mg
Magnésium	21 mg
Sodium	10 mg
Fer	1,4 mg
Zinc	1 mg
Manganèse	0,46 mg

* Composition moyenne donnée à titre indicatif, elle peut fluctuer en fonction des variétés, saisons, degré de maturité, conditions de culture... Source : Aprifel (Agence fruits et légumes frais), d'après « Répertoire général des aliments », REGAL (1995) – « Minéraux » (1996) ; « Composition des aliments », Souci, Fachmann et Kraut ; « The Composition of Foods », Mc Cance et Widdowson.

Minéraux et oligo-éléments	
Bore	0,40 mg
Cuivre	0,15 mg
Molybdène	0,07 mg
Sélénium	0,02 mg
Nickel	0,01 mg
Iode	0,003 mg

Vitamines	
Vitamine C	30 mg
Vitamine B6	1,2 mg
Vitamine B3 ou PP	0,65 mg
Vitamine B5	0,60 mg
Vitamine B1	0,20 mg
Vitamine E	0,10 mg
Vitamine B2	0,08 mg

On trouve également de faibles quantités de prostaglandines, phytostérols, polyphénols, flavonoïdes, composés soufrés…

Zoom sur quelques-uns de ses composants magiques

L'allicine : des vertus antibiotiques

Le principal composé soufré contenu dans l'ail est l'alliine (à ne pas confondre avec l'allicine), aussi appelée sulfoxyde d'allylcystéine. Sa formule chimique : $C_6H_{11}NO_3S$. Présente dans le bulbe d'ail intact, elle est sans odeur. Quand on écrase ou hache une gousse d'ail, on libère de l'acide pyruvique ainsi qu'une enzyme, l'alliinase. Cette dernière, en entrant en contact avec l'alliine, va la dégrader. Résultat : **une forte odeur aillée se dégage, c'est la preuve de la production de l'allicine**. Celle-ci s'oxyde ensuite rapidement à l'air et devient du disulfure de diallyle, que l'on retrouve notamment dans l'huile essentielle d'ail. L'ajoène (composant de certaines pommades et gels antifongiques), un autre composé secondaire, est obtenu après condensation de cette substance.

Alliine (présente dans le bulbe) + Alliinase (produite quand on coupe une gousse) = Allicine

Ce sont ces composés soufrés contenus dans l'ail qui ont **des propriétés médicinales**. L'allicine est le plus abondant et aussi celui qui intéresse le plus les scientifiques : de nombreuses études se sont penchées sur ses différents bienfaits thérapeutiques. L'allicine agit comme **un puissant antibactérien**. Combinée à d'autres substances actives présentes dans l'ail (notamment la vitamine C, le magnésium ou l'iode), elle vient à bout de toutes sortes d'infections, qu'elles soient d'ordre respiratoire ou intestinal. Voilà pourquoi on élève souvent l'ail au rang d'antibiotique naturel !

Le conseil en + : pour profiter de tous les bienfaits de l'allicine, consommez l'ail de préférence cru. En effet, la chaleur a pour conséquence de détruire une grande partie de cette précieuse substance.

C'est Louis Pasteur qui, le premier, a démontré l'énorme potentiel de l'ail sur deux bactéries particulières : **les salmonelles** (à l'origine de typhoïdes, infections alimentaires...) et **l'*Escherichia coli*** (à l'origine de gastro-entérites, méningites, infections urinaires septicémie...). Lors de la Seconde Guerre mondiale, les affirmations de Pasteur ont été tristement confirmées par les Russes qui, n'ayant plus d'antibiotiques pour leurs soldats, utilisèrent aussi l'ail pour soigner **les blessures ou les infections respiratoires.**

Mais **le champ d'action de l'allicine ne se limite pas aux bactéries** ! Elle est également efficace contre :

- les virus : rhume, grippe mais aussi verrues ou ulcère ;
- les champignons : mycoses, pied d'athlète… ;
- les parasites : oxyures, vers intestinaux…

Bactéries et antibiotiques

Rappelons-le : les antibiotiques ne sont actifs que sur les bactéries, et non sur les virus ! Voilà pourquoi ils ne sont pas « automatiques » comme le dit si bien l'Assurance-maladie. Or, trop souvent encore, ces médicaments sont prescrits alors qu'ils n'ont pas lieu de l'être. Ce qui explique en partie l'apparition de super-bactéries ultra-résistantes à tous les antibiotiques connus, et fait craindre aux scientifiques une crise sanitaire majeure.

Les vitamines et les minéraux : une action antioxydante

L'ail est une excellente source d'antioxydants. Ces substances ont pour mission de **lutter contre les radicaux libres à l'origine du processus de vieillissement** et contre tous les troubles qui y sont liés (maladies cardio-vasculaires, athérosclérose, cancer, dégénérescence des neurones…).

Ces antioxydants sont présents dans l'ail sous différentes formes :

- les composés soufrés dérivés de l'allicine,
- la vitamine E,
- la vitamine C,
- les polyphénols,
- certains minéraux comme le sélénium, le manganèse et le cuivre.

Le saviez-vous ?

Le sélénium, qui joue un rôle protecteur contre les maladies cardio-vasculaires et certains cancers, est surtout présent dans les produits d'origine animale. On le trouve peu dans les fruits et légumes, excepté dans l'ail, les champignons de Paris et les noix.

Le germanium organique, un minéral prometteur ?

Moins connu que tous les autres sels minéraux, le germanium, aussi appelé vitamine O, a été mis en évidence récemment, dans les années 1970. Très peu d'études existent actuellement sur ce sujet mais, si l'on en croit les quelques scientifiques qui s'y intéressent, ce minéral aurait des vertus exceptionnelles. C'est en effet un antioxydant très puissant. Il favorise l'oxygénation des cellules et donc les rend plus résistantes en cas d'agression. Ce qui lui confère des propriétés anticancer et antivirales importantes. Il stimule également les défenses naturelles de l'organisme.

Mis à part l'ail, les meilleures sources de germanium organique sont : les baies de goji, l'aloès, le ginseng, certains champignons (reishi, shiitaké), les palourdes...

À noter : il existe deux formes de germanium. Extrait de la terre ou fabriqué sous forme synthétique (germanium inorganique), il est toxique (métal lourd). En revanche, quand il est extrait de plantes (germanium organique), il a des propriétés santé. Voilà qui explique en partie les réticences des laboratoires et des autorités de santé vis-à-vis des compléments alimentaires à base de germanium.

Les fructosanes : des effets prébiotiques

L'un des autres atouts majeurs de l'ail est sa teneur très élevée en prébiotiques. Ces fibres, aussi appelées fructosanes, sont présentes uniquement dans certains végétaux. Elles ont pour rôle de « **nourrir** » **la flore intestinale** et les bonnes bactéries (ou probiotiques) qui la composent. Or une flore intestinale équilibrée, c'est essentiel, entre autres, pour :

- avoir un système immunitaire au top ;
- bien digérer et favoriser l'élimination des déchets ;
- aider l'intestin à éliminer les germes indésirables ;
- bien assimiler les vitamines et les minéraux ;
- réguler son taux de cholestérol…

En bref, une flore intestinale équilibrée, c'est la garantie d'une bonne santé générale.

Top 10 des fruits et légumes à effet prébiotique*

(par ordre décroissant de teneur en inuline, une famille de fibres solubles)

- Artichaut
- Banane
- Ail
- Topinambour
- Poireau
- Oignon
- Salsifis
- Asperges
- Froment
- Chicorée

* Source : *Nous avons tous besoin de probiotiques et de prébiotiques*, Danièle Festy, Leduc.s Éditions.

CHAPITRE 3

L'ail pratique

L'ail commun (*allium sativum*)

Différentes variétés

Il n'existe pas une variété d'ail, mais plusieurs dizaines. Elles se distinguent par leur saison de récolte, la couleur et la grosseur de leurs bulbes, leur saveur, leur durée de conservation… En France, on cultive **deux grandes variétés d'ail,** elles-mêmes divisées en plusieurs variétés appelées cultivars :

- **L'ail d'automne,** planté à l'automne et récolté au début de l'été. Il est principalement originaire du Sud de la France. Il se présente sous forme de gros bulbes (100 à 130 g). On trouve dans cette famille l'ail violet (qui est très précoce) et l'ail blanc.

Quelques exemples de variétés : Germidour (ail violet, originaire de Cadour), Primor (ail violet, à bâton*, originaire du Moyen-Orient), Messidor (ail blanc, originaire de la Drôme)…

- **L'ail de printemps**, planté à la fin de l'hiver ou au tout début du printemps, et récolté dans le courant du mois de juillet. Sa tête est plus petite que celle de l'ail d'automne mais il se conserve plus longtemps. Il s'agit de l'ail rose. Cette couleur est celle de la peau qui recouvre les gousses.

Quelques exemples de variétés : Clédor (ail rose, originaire d'Auvergne), Flavor (ail rose, originaire d'Italie)…

Certaines variétés d'ail sont très connues. C'est le cas de **l'ail rose de Lautrec**, qui est le seul ail à bénéficier d'un Label Rouge (depuis 1966). Depuis 1996, il dispose aussi d'une IGP (Indication géographique protégée). La légende raconte qu'il est arrivé dans cette ville au Moyen Âge grâce à un marchand ambulant. Celui-ci n'ayant pas d'argent pour payer son dîner aurait donné au restaurateur de belles gousses d'ail rose. Ce

---

* Certaines variétés développent au cours de la culture une hampe florale dure et rigide au centre des gousses : on parle alors de variétés « à bâton ».

dernier les aurait ensuite plantées et cette culture se serait rapidement propagée dans la région.

D'autres variétés régionales sont également connues comme **l'ail violet de Cadours, l'ail fumé d'Arleux, l'ail blanc de Lomagne, l'ail rose d'Auvergne, l'ail de Cherrueix**... Pour la plupart de ces spécialités régionales, les démarches sont en cours pour obtenir le Label Rouge, l'IGP (Indication géographique protégée) ou l'AOC (Appellation d'origine contrôlée).

Le saviez-vous ?

Aujourd'hui, le premier producteur d'ail du monde est... la Chine : elle représente à elle seule 75 % de la production. La France se situe loin derrière. Mais les producteurs français se défendent contre cette invasion chinoise en mettant en place des démarches qualité : Label Rouge, AOC (appellation d'origine contrôlée) ou IGP (Indication géographique protégée).

L'ail noir, une spécialité japonaise

Dans la région d'Aomori, au nord du Japon, on trouve un type d'ail bien particulier : l'ail noir. Il ne s'agit pas ici d'une variété d'ail (comme peut l'être l'ail rose de Lautrec) mais d'un ail fermenté. Cet ail est confit tout doucement dans de l'eau de mer d'une grande pureté, pendant un mois et demi à deux mois. Tout au long du processus de fermentation, la température et l'humidité sont contrôlées afin que l'ail ne pourrisse pas. Il conserve ainsi une texture souple et tendre, et est parfaitement digeste. Sa saveur n'a plus grand-chose à voir avec celle de l'ail, mais rappelle plutôt celle du pruneau ou de l'abricot sec.

Au Japon, on conseille la consommation d'ail noir pour ses multiples bienfaits sur la santé : il serait efficace :

- contre le cholestérol,
- contre l'hypertension artérielle,
- en cas de problèmes de la circulation sanguine,
- en cas de diabète,
- chez les personnes âgées,
- en cas de fatigue,
- pour renforcer les défenses immunitaires.

On l'utilise aussi en cuisine, en accompagnement d'un poisson, dans la confection des sauces, ou simplement grignoté tel quel !

Vous voulez y goûter ? Sachez qu'on en trouve dans certaines épiceries japonaises de Paris ou sur certains sites Internet spécialisés dans les produits japonais.

On distingue aussi l'ail en fonction de son degré de développement lors de la récolte. On différencie ainsi :

- **L'ail vert**, aussi appelé **ail nouveau** ou **aillet :** c'est un ail récolté très tôt, entre mars et mai, avant même que les gousses ne se soient développées. Il ressemble à de la ciboule ou à un poireau tout fin, avec une longue partie blanche, et de grandes tiges vertes. On l'utilise en entier, simplement émincé, cuit ou cru dans les salades et les plats cuisinés (voir les différentes utilisations possibles et quelques idées de recettes p. 130, 138 et 139). Son goût rappelle celui de l'ail, mais en moins prononcé. On ne le trouve sur les marchés qu'au printemps.

• **L'ail frais :** c'est un ail récolté avant que la partie aérienne ne devienne sèche et tombe. On le trouve à différents stades de développement : l'ail le plus « jeune » ressemble à un poireau avec une tige verte et un renflement volumineux et alvéolé à sa base (c'est là que se trouvent les gousses). L'ail « moins jeune » ressemble à l'ail sec mais ses peaux extérieures et sa tige sont visiblement encore fraîches (contrairement à l'ail sec). Il n'a plus de tige verte. On en trouve sur les marchés généralement à partir du début ou de la mi-mars. Il a une saveur incomparable et un goût très doux… appréciés même par les personnes qui disent ne pas « aimer l'ail » ! Riche en eau, il est également très juteux, et donc idéal pour les préparations type sauces, mayonnaises… Autre avantage : il est dépourvu de germe, donc vous pouvez le consommer en entier sans problème de digestion.

• **L'ail sec :** c'est l'ail que l'on trouve le plus couramment sur les marchés et dans les grandes surfaces. Il s'agit d'un ail récolté une fois que sa partie aérienne a séché et est tombée.

Les graines germées d'ail

Voilà une façon de profiter de toutes les vertus santé de l'ail, sans les éventuels problèmes de digestion et de mauvaise haleine ! Riches en vitamines A, B, B2, C et en minéraux divers, les graines germées d'ail sont indiquées notamment en cas de problèmes de circulation sanguine ou pour renforcer ses défenses naturelles, à l'approche de l'hiver notamment. De plus, elles apportent à vos petits plats une saveur aillée toute douce, et une note décorative originale.

Où les trouve-t-on ? Si vous avez de la chance, et un bon magasin bio à côté de chez vous, vous pourrez acheter des graines d'ail déjà germées, et donc prêtes à la consommation, en petites barquettes (au rayon frais). Mais il est beaucoup plus simple et économique de les faire pousser vous-même. C'est facile et très ludique. Pour cela, achetez des graines d'ail à germer, de préférence bio (en sachets, dans les magasins bio et de produits naturels, certaines jardineries...). Il suffira ensuite de les mettre au réfrigérateur pendant 12 heures puis de les laisser tremper quelques heures (entre 6 et 8 heures) avant de les mettre à germer dans un germoir ou un pot en verre, pendant 5 à 7 jours.

Comment les consommer ? De préférence crues, sur une salade, dans un sandwich... Vous pouvez aussi en ajouter en fin de cuisson sur une soupe, dans un plat de pâtes... Une petite recette facile pour l'apéro ? Tartinez une galette de céréales avec du chèvre frais, ajoutez quelques rondelles de radis et une pincée de pousses d'ail. Frais, léger et vitaminé !

Bien le choisir

- **Pour l'ail nouveau ou aillet, et l'ail frais :** les têtes doivent être bien fermes et bien lisses, les tiges vertes colorées et bien cassantes (pas flétries).
- **Pour l'ail sec :** les bulbes doivent être propres, bien gonflés, fermes au toucher et bien blancs (ou roses, ou rouges, selon la variété). Les cols doivent être bien séchés.

Bien le conserver

- **L'ail nouveau ou aillet** se consomme rapidement. Il peut également être conservé au réfrigérateur pendant quelques jours, de préférence dans un sac plastique. Si quelques tiges sont flétries, prenez le temps de les enlever avant d'entreposer votre aillet au frais.
- **L'ail frais** se conserve une semaine à température ambiante et à l'abri de la lumière. Si vous l'achetez avec son vert, vous pouvez conserver celui-ci pendant une semaine au réfrigérateur dans un torchon ou un sac plastique.

Le conseil en + : vous pouvez aussi congeler le vert d'ail ou le vert d'aillet. Pour cela, rincez-le, coupez-le en tronçons et plongez-le pendant

2 minutes dans une casserole d'eau bouillante légèrement salée. Rincez à l'eau froide et égouttez soigneusement. Absorbez l'excédent d'eau dans un torchon propre puis mettez vos verts dans des sachets spécial congélation. À consommer dans les six mois.

- **L'ail sec** se conserve théoriquement plusieurs semaines, voire plusieurs mois, dans un endroit sec, à température ambiante. Pourquoi théoriquement ? Parce qu'il n'est pas facile d'atteindre (et de maintenir) une température de conservation optimale. S'il fait trop froid, il a tendance à germer. Et s'il fait trop chaud, à se déshydrater ! Bref, mieux vaut acheter vos têtes d'ail une par une plutôt que d'investir dans une tresse d'ail entière si vous doutez des conditions de conservation chez vous. Veillez également à conserver votre ail à l'écart des autres produits car il risque de les parfumer. Ne le mettez pas au réfrigérateur, il pourrait rapidement prendre l'humidité. Rappelons que l'ail d'automne se garde plus longtemps que l'ail de printemps : certaines variétés, comme l'ail rose de Lautrec, peuvent se conserver jusqu'à un an. Sachez également que plus la couleur de l'ail est foncée, plus il aura une durée de vie longue.

Mes 5 astuces conservation

1. Les têtes d'ail sec ont besoin d'air. Pour les conserver plus longtemps, suspendez-les (d'où l'intérêt des tresses) ou éparpillez-les sur un grand plateau en leur laissant de l'espace. Ne les mettez surtout pas dans un contenant fermé où l'humidité risque de s'accumuler.

2. Prenez-en soin ! Contrairement aux apparences, l'ail est fragile et craint les coups.

3. Vous avez épluché plus d'ail que nécessaire ? Mettez les gousses restantes au réfrigérateur, et utilisez-les dans les deux ou trois jours.

4. Pour conserver l'ail plus longtemps, brûlez au briquet ou à la bougie les petits poils de la tête d'ail.

5. Le développement du germe indique la fin de la dormance de l'ail : le bulbe perd alors une grande partie de son intérêt en cuisine (et de ses bienfaits santé par la même occasion), car sa saveur est un peu altérée... Mais ce n'est pas une raison pour le jeter ! Dans l'ail, tout est bon, et vous pouvez facilement le « recycler » ! Pour cela, mettez les gousses d'ail en pleine terre ou dans une jardinière et patientez : les tiges vertes vont pousser, et vous pourrez les utiliser ciselées dans vos salades, vos omelettes...

Pour conserver votre ail encore plus longtemps, ou pour avoir toujours **de l'ail prêt à l'emploi à disposition**, il existe aussi d'autres techniques de conservation.

- **Au congélateur, sous forme entière ou émincée.** Épluchez les gousses, mettez-les entières ou grossièrement émincées dans une boîte en plastique hermétique et entreposez-les au congélateur. L'ail se conserve ainsi plusieurs mois.
- **Au congélateur, sous forme hachée.** Épluchez et hachez vos gousses d'ail au robot. Étalez la préparation sur une plaque et mettez-la au congélateur. Une fois que l'ail est congelé, cassez-le en petits morceaux et emballez-les dans des sacs congélation.
- **Sous forme confite, dans le vinaigre**. Épluchez 500 g d'ail, et mettez les gousses entières dans une casserole. Ajoutez 1 litre de vinaigre

blanc et quelques branches de thym. Portez le tout à ébullition et faites cuire à petits bouillons pendant 15 minutes. Versez dans un bocal stérilisé. Attendez deux à trois semaines avant de goûter votre ail confit. Une fois le pot entamé, conservez au frais.

- **Au réfrigérateur, sous forme de purée.** Pour cela, il faut faire cuire les gousses (avec leur peau) pendant 30 minutes à la vapeur. Ensuite, épluchez-les et mixez-les avec un peu d'huile d'olive. Versez la préparation dans un récipient en verre avec couvercle.

Attention avec les préparations à base d'ail

La purée d'ail et d'huile d'olive faite maison doit **obligatoirement** être conservée au réfrigérateur et consommée dans la semaine. En effet, en l'absence de conservateurs, cette préparation peut devenir toxique et il existe des risques réels d'intoxication alimentaire graves.

Même chose pour **les gousses d'ail confites à l'huile d'olive** ou **les macérations d'ail à l'huile** faites maison : entreposez-les au réfrigérateur et consommez-les rapidement, idéalement dans les sept jours. Les préparations industrielles contiennent, elles, des conservateurs et ne présentent donc pas ce risque.

Les « autres » ails

L'ail sauvage (*Allium ursinum*) ou l'ail des ours

L'ail des ours (*Allium ursinum)* est **la forme sauvage de l'ail commun.** Cette plante herbacée, qui développe de longues feuilles, apparaît principalement fin février/début mars dans les sous-bois. Elle dégage une délicate odeur d'ail quand on la froisse. On consomme principalement ses feuilles crues (pour profiter de leur richesse en vitamine C), en salade, mélangées avec du fromage frais, etc.

Cette plante est aussi **très utilisée en phytothérapie** depuis des siècles, pour ses propriétés dépuratives, hypotensives, antirhumatismales ou antiseptiques. Elle facilite également la digestion. Logique puisqu'elle est de la même famille que l'ail commun, dont elle a à peu près les mêmes propriétés.

Le saviez-vous ?

L'ail sauvage est surnommé « ail des ours » car, selon la légende, les ours en mangent pour reprendre des forces après leur hibernation !

On trouve l'ail des ours :

- **Sous forme fraîche** : aucune chance ou presque de trouver l'ail des ours sur votre marché, et à plus forte raison dans votre supermarché ! Si vous voulez vous en procurer, une seule solution : le planter dans votre jardin à l'ombre. Ou alors aller le cueillir dans la nature. On le trouve généralement dans les sous-bois herbacés, sur des surfaces étendues. Attention cependant car cette cueillette nécessite quelques connaissances. En effet, les feuilles d'ail des ours ressemblent beaucoup à celles de deux autres plantes très toxiques : le muguet et le colchique. Pour bien faire la différence, fiez-vous à la consistance des feuilles : elles sont très fragiles, comme celles de la laitue par exemple. Autre indice : l'odeur qu'elles dégagent quand vous les froissez entre les doigts. Si elles laissent échapper une senteur caractéristique d'ail, c'est forcément de l'ail des ours. Au moindre doute, abstenez-vous de les consommer, et n'hésitez pas à demander conseil à un spécialiste !
- **En gélules,** comme complément alimentaire. Ses principales indications : problèmes digestifs, troubles de la circulation sanguine, petits problèmes de peau…

- **Sous forme de teinture-mère** (voir p. 53), en flacon. Les indications sont les mêmes que pour les gélules : amélioration de la flore intestinale, action sur l'hypertension et la circulation sanguine, élimination des toxines… Le dosage : 15 à 30 gouttes diluées dans un verre d'eau, à prendre trois fois par jour pendant trois semaines.
- **Sous forme de jus** (en magasin bio) : 1 cuillère à soupe par jour à diluer dans un verre de jus de carottes ou de tomates par exemple. Délicieux à l'apéro !
- **En poudre,** pour une utilisation en cuisine (parfois mélangé avec du sel). Idéal pour parfumer les vinaigrettes, les salades, les plats de pâtes…

Les « faux » ails

Aux côtés de l'ail commun, ou *allium sativum*, il existe d'autres variétés d'ail. Certaines sont comestibles, d'autres non. En voici quelques-unes…

- **L'ail ciboulette** ou **ciboulette ail** (*Allium tuberosum*) : il ressemble beaucoup à la ciboulette ordinaire, avec un goût d'ail plutôt que d'oignon.
- **L'ail du Canada** (*Allium canadense*) : il est considéré comme une mauvaise herbe et n'est pas comestible.
- **L'ail éléphant** (*Allium ampeloprasum*) : originaire d'Asie centrale, c'est un ail géant avec de très gros bulbes (jusqu'à 500 g) et des tiges qui peuvent atteindre un mètre de haut. Son goût est plus doux que l'ail commun, et se rapproche de celui du poireau.
- **L'ail des vignes** (*Allium vineale*) : il est considéré comme une mauvaise herbe et n'est pas comestible. Comme son nom l'indique, il pousse dans les vignes… mais aussi un peu partout, dans les prairies, au bord des routes…

Les variétés qui suivent sont, elles, parfaitement décoratives, et ne sont pas consommées :

- **L'ail géant** (*Allium giganteum*) : il produit de grosses fleurs en forme de boules.

- **L'ail à trois angles** (*Allium triquetum*) : il a des fleurs blanches en cloches et dégage une odeur d'ail entêtante.
- **L'ail rose** *(Allium roseum)* : il développe au printemps de jolies fleurs colorées.
- **L'ail doré** ou **ail d'Espagne** *(Allium moly)* : c'est une plante assez rare aux fleurs jaunes.

De l'ail sous d'autres formes

Huile essentielle, comprimés, extraits… : dans les magasins, les pharmacies et les parapharmacies, on trouve l'ail sous différentes formes. Chacune a des bienfaits et un mode d'emploi particulier. Découvrez-les !

L'huile essentielle d'ail

Une seule petite goutte d'huile essentielle d'ail concentre tous les bienfaits de l'ail. Logique puisqu'elle est obtenue par distillation de ses gousses. On l'utilise principalement en cas de :

- hypercholestérolémie,
- hypertension,
- problèmes de circulation sanguine,

• problèmes de digestion difficile et de fermentations abdominales,
• infections respiratoires,
• petites blessures : plaies, égratignures...
• verrues, champignons...
• invasion de puces ou de fourmis dans la maison.

Son gros défaut : tout comme l'ail, l'huile essentielle d'ail a une odeur particulière et tenace qui peut rebuter certaines personnes... surtout quand il s'agit d'en avaler ! Voilà pourquoi on la prend le plus souvent sous forme de capsules (voir p. 51).

Prudence avec l'huile essentielle d'ail

Comme toutes les autres huiles essentielles, l'huile essentielle d'ail doit être utilisée avec la plus grande prudence, en respectant à la lettre les dosages et les modes d'emploi. Sachez également qu'elle ne fait pas partie des huiles essentielles dites « douces » (orange, lavande, camomille...) ! L'huile essentielle d'ail est en effet particulièrement « agressive » si elle est mal utilisée : c'est la rançon de son efficacité !

Voici donc les précautions particulières à adopter :

Elle ne doit pas être utilisée pendant toute la durée de la grossesse et de l'allaitement. Elle ne doit pas non plus être administrée aux bébés et aux enfants de moins de 6 ans.

En usage externe, elle peut se révéler dermocaustique, c'est-à-dire très irritante pour la peau. Il est donc préférable de ne pas l'utiliser en application locale. Seules exceptions : sur une petite blessure, un durillon ou une verrue, à raison d'une seule et unique goutte à déposer sur la lésion, en évitant la peau alentour (pour cela, protégez-la avec un pansement par exemple). Évitez d'utiliser ce remède chez les jeunes enfants et sur les peaux sensibles et allergiques.

En ingestion : prenez-la toujours diluée (dans un peu de miel ou d'huile, sur un comprimé neutre...). Attention aussi aux personnes sujettes à l'aérophagie et aux brûlures d'estomac : demandez conseil à votre médecin avant utilisation car l'huile essentielle d'ail peut être irritante et provoquer des brûlures.

Dans tous les cas, respectez scrupuleusement les dosages indiqués et n'hésitez pas à vous renseigner auprès d'un spécialiste en aromathérapie avant de vous lancer !

Les gélules, capsules ou comprimés d'ail

En pharmacie et dans les magasins de produits naturels, vous trouverez également de l'extrait d'ail sous forme de capsules gélatineuses contenant de la poudre ou un macérat huileux d'ail. Il en existe de deux sortes :

• **L'extrait d'ail standardisé** ou **extrait d'ail normalisé.** Il affiche la teneur potentielle en allicine (la substance qui donne à l'ail toutes ses propriétés, voir p. 26). Pour comprendre les étiquettes, sachez qu'un produit affichant « extrait standardisé à 1,3 % » contient 1,3 % d'alliine*, soit de 3,6 mg à 5,4 mg d'allicine par gramme de poudre.

• **L'extrait d'ail vieilli** ou **extrait d'ail fermenté.** Sa teneur en allicine est moindre par rapport à l'extrait d'ail standardisé. Moins efficace, il doit donc être pris en plus grande quantité.

Le conseil en + : optez pour des gélules gastrorésistantes, qui libéreront leurs actifs dans les intestins (et non dans l'estomac) : elles seront ainsi plus efficaces. Vous éviterez par la même occasion les problèmes d'irritation de l'estomac… et les petits soucis de mauvaise haleine ! Pour avoir une certaine efficacité, par exemple dans la prévention des maladies cardiovasculaires, ces gélules doivent être prises en cure de longue durée voire consommées tous les jours.

* L'alliine est la substance contenue dans l'ail qui, quand elle entre en contact avec l'enzyme alliinase, se transforme en allicine (voir p. 26). Cette opération est possible lorsque l'on écrase ou hache de l'ail frais.

Pour le dosage, fiez-vous à la notice ou demandez conseil à votre médecin ou pharmacien.

La teinture-mère d'ail et les autres formes homéopathiques

L'ail peut aussi se présenter sous forme de concentré liquide ou d'extrait hydro-alcoolique, communément appelé teinture-mère. On en trouve dans certaines pharmacies et dans les magasins de produits naturels.

On peut aussi **préparer la teinture mère d'ail** soi-même : il suffit de suivre le mode d'emploi !

1. Écrasez quelques gousses d'ail, si possible bio, sans les éplucher. Versez-les dans un pot en verre avec couvercle préalablement stérilisé à l'eau bouillante, jusqu'à un tiers de la hauteur.
2. Complétez avec du vinaigre de cidre bio ou de l'alcool à 40°, et fermez le couvercle. Laisser macérer deux à trois semaines, si possible au soleil, en agitant le pot de temps en temps.
3. Filtrez puis laissez reposer deux à trois jours. Filtrez à nouveau et versez dans une petite fiole hermétique en verre teinté. Conservez la teinture-mère à l'abri de la lumière, pendant un an maximum. À utiliser par exemple à raison de 15 à 30 gouttes diluées dans une tisane, trois fois

par jour, dès les premiers symptômes de refroidissement (rhume, grippe…).

Vous pouvez aussi fabriquer votre **teinture-mère d'ail des ours** selon la même recette. Dans ce cas, utilisez les bulbes mais aussi les feuilles soigneusement rincées.

Le conseil en + : *Allium sativum* et *Allium ursinum* existent aussi sous d'autres formes homéopathiques, obtenues par dilution de leur teinture-mère respective : granules, gouttes, ampoules buvables, suppositoires… Ces préparations sont particulièrement indiquées en cas de brûlures d'estomac, de bronchites chroniques, de douleurs rhumatismales, d'infections parasitaires… Demandez conseil à un médecin ou pharmacien spécialisé en homéopathie.

Les pommades à l'ail

On trouve également en pharmacie des crèmes ou des gels **à base d'ajoène**, qui est l'un des composants de l'ail. Leur principale utilisation : en cas de pied d'athlète, une infection due à des champignons et qui touche la peau située entre les orteils (voir p. 96).

Les précautions à adopter

Effets indésirables

Le problème n° 1 avec l'ail, c'est... **la mauvaise haleine** qu'il nous donne quand on le consomme ! Heureusement, il existe des petites astuces pour réduire les effluves (voir encadré page suivante). Mis à part ce petit désagrément, ses effets indésirables restent très limités !

- Cru, il peut être **difficile à digérer** par certaines personnes. Résultats : renvois, ballonnements, flatulences...
- Consommé à trop fortes doses, il peut provoquer **des petites irritations de l'estomac et de l'intestin.** Chacun a sa propre sensibilité : certaines personnes seront légèrement incommodées à partir de 1 ou 2 gousses par jour, d'autres non. Il suffit alors simplement de réduire la dose.
- Pris à trop forte dose, il peut aussi avoir pour effet de **tuer les « bonnes » bactéries de l'intestin.** Si vous prenez régulièrement des gélules à base d'ail, il est conseillé de prendre dans le même temps, des probiotiques qui aideront à reconstituer votre flore intestinale.
- En application locale (par exemple sur une verrue ou un cor), il peut se révéler **irritant pour**

la peau. Avant application, veillez à bien protéger la zone alentour avec un pansement.

Ail et mauvaise haleine : des astuces efficaces !

Mangez des feuilles de persil ou de menthe fraîche. En plus, c'est délicieux et excellent pour la santé ! Mais attention, se contenter de trois ou quatre feuilles est parfaitement inutile...

Mâchez des grains de café ou des graines de cardamome, de coriandre, d'anis...

Consommez régulièrement... de l'ail. En effet, plus on en mange, plus on favorise la formation d'enzymes qui contrecarrent ses effluves !

À noter : se laver les dents n'aura aucun effet. La mauvaise haleine est due à des gaz libérés au moment de la mastication puis de la digestion, dans la bouche puis dans le tube digestif. Ceux-ci ne seront éliminés qu'au bout de trois heures, que vous vous brossiez les dents ou pas !

Le conseil en + : Si vous digérez mal l'ail, passez-le (cru) au presse-ail avant consommation : les fibres restent dans l'appareil et vous profitez de tous les bienfaits de son jus. Cuit, il est également plus digeste mais, dans ce cas, il perd la quasi-totalité de ses atouts santé ! Sachez également que l'ail rose est plus digeste que le classique ail blanc. Idem pour l'ail jeune plutôt que l'ail vieux et flétri qui patiente depuis des semaines dans votre cuisine…

Contre-indications

La consommation d'ail et de ses dérivés ne présente que très peu de contre-indications. Mais mieux vaut les connaître ! Une trop forte consommation d'ail, sous forme fraîche (plus de 3 à 4 grammes/jour, soit plus d'une gousse) ou de compléments à base d'ail est ainsi déconseillée :

- **avant ou après une opération chirurgicale**, en raison des effets fluidifiants et anticoagulants de l'ail ;
- si vous prenez déjà des plantes ou **des médicaments anticoagulants** (en cas de troubles de la coagulation) **ou hypoglycémiants** (en cas de diabète) ;
- aux personnes souffrant de **porphyrie**, une maladie du sang très rare (voir p. 19).

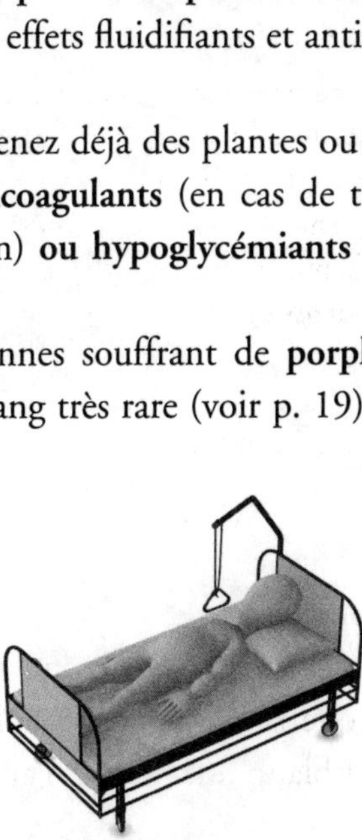

Et pendant l'allaitement ?

Contrairement à une idée reçue, la consommation d'ail pendant la phase d'allaitement n'est pas interdite. Certes, le goût de l'ail passe dans le lait maternel, et le moins que l'on puisse dire, c'est que cela le parfume ! Mais, au lieu de rebuter les bébés, il semble bien que cela les motive à téter encore plus. Résultat : des études ont montré que les nourrissons dont les mères consommaient de l'ail étaient sevrés plus tardivement.

PARTIE 2

Ses utilisations santé et beauté

CHAPITRE I

Un vaste champ d'action

Une efficacité prouvée sur de nombreux microbes

L'ail aide l'organisme à lutter **contre les infections de toutes sortes**, qu'elles soient d'origine virale (voir p. 26 sur les vertus de l'allicine) ou bactérienne. Des études scientifiques ont montré que l'ail était particulièrement efficace sur les bactéries Gram positif (staphylocoques, streptocoques, listeria…) ainsi que sur les salmonelles et l'*Escherichia coli*. L'ail a également une action antiparasitaire et antifongique (c'est-à-dire contre les champignons).

Voilà pourquoi on peut l'utiliser dans de nombreux cas :

• **Pour les infections de la sphère ORL.** Exemple : en cas de grippe, rhume, angine… quelle que soit leur origine (virale ou bactérienne).

• **Pour les infections de la sphère digestive.** Exemple : en cas de gastro-entérite virale (la plus courante), d'intoxication alimentaire (d'origine bactérienne), d'ulcère à l'estomac (dû à un virus)…

• **Pour les maladies plus générales.** Exemple : en cas de paludisme ou de maladie du sommeil (tous deux sont dus à des parasites transmis par les insectes)…

• **Pour les problèmes cutanés.** Exemple : en cas de mycoses (affections dues à un champignon), de verrue (due à un virus), de petite plaie ou coupure (pour éviter l'infection), de gingivite (infection des gencives par une bactérie)…

Autre vertu de l'ail : il aide l'organisme à **renforcer ses propres défenses immunitaires.** L'ail est notamment très prisé chez les personnes atteintes par le VIH : il aurait la capacité d'augmenter le nombre de « cellules tueuses » naturelles, permettant ainsi une meilleure résistance contre les infections et les cancers. Une étude menée vers la fin des années quatre-vingt sur des patients séropositifs a démontré que la prise régulière d'un extrait d'ail vieilli permet, en quelques semaines, de retrouver un taux normal de cellules tueuses naturelles.

Un allié de la santé cardio-vasculaire

La consommation régulière d'ail (cru) a plusieurs effets bénéfiques sur la santé cardio-vasculaire. Ses effets peuvent sembler modestes mais son champ d'action sur les différentes causes des maladies cardio-vasculaires est vaste. Voilà pourquoi la Commission E*, l'ESCOP** et l'Organisation mondiale de la santé (OMS) le reconnaissent comme un bon traitement de complément en cas d'hyperlipidémie et d'athérosclérose.

---

* Mise en place par l'Europe à la fin des années 1970, la Commission E regroupait des experts en médecine, pharmacologie, toxicologie, pharmacie et phytothérapie. Pendant plus de quinze ans, les membres de cette commission ont évalué les bienfaits de 360 plantes. Cette étude est aujourd'hui considérée comme une référence dans le monde de la phytothérapie.

** L'European Scientific Cooperative on Phytotherapy a été créée à la fin des années quatre-vingt. Elle regroupe elle aussi des experts de différentes spécialités : médecine, phytothérapie, pharmacologie...

- **Il serait hypocholestérolémiant.** En clair, il aiderait à faire baisser le taux de cholestérol et de triglycérides (autres lipides sanguins). Il faut cependant reconnaître que les différentes études scientifiques menées sur ce sujet se contredisent souvent, d'où l'emploi du conditionnel. On ignore en effet comment agit l'ail, et surtout sous quelle forme il est le plus efficace (ail vieilli, ail frais, extrait d'ail…). Mais une chose est sûre : l'ail contient de nombreuses substances prometteuses, notamment l'allicine, l'ajoène, la vitamine B3… Les études scientifiques se poursuivent pour éclaircir ses multiples secrets !
- **Il est antihypertenseur,** c'est-à-dire qu'il est capable de faire baisser la tension artérielle. Là encore, c'est grâce à ses composants magiques : prostaglandines, fructosanes, minéraux (potassium, magnésium…). À condition évidemment d'en consommer régulièrement et en quantité suffisante (environ 2 gousses par jour) et d'adopter une hygiène de vie saine. À noter : cela ne veut pas dire que la consommation d'ail est déconseillée aux personnes qui souffrent d'hypotension ! S'il fait baisser la tension chez les hypertendus, il ne la fait pas baisser chez les hypotendus ou les personnes qui ont une tension basse.

• **Il a également une action fluidifiante sur le sang, et une action dilatatrice sur les vaisseaux et les artères,** deux facteurs qui permettent également de faire baisser la tension, de lutter contre le mauvais cholestérol et d'assurer le bon fonctionnement du cœur. Il aide ainsi également à traiter les troubles circulatoires légers.

• **Selon certaines études, il permettrait de ralentir la progression des complications du diabète,** un autre facteur de risque de maladies cardio-vasculaires.

Des propriétés anticancer porteuses d'espoir

De multiples études scientifiques s'intéressent aux propriétés anticancer de l'ail. Et les espoirs sont nombreux ! Plusieurs études ont ainsi établi **un lien inverse entre consommation d'ail et incidence de certains cancers,** notamment de la sphère digestive.

L'ail, et plus précisément ses composés soufrés comme l'allicine, agirait ainsi à plusieurs niveaux :

• **À titre préventif :** il renforce le système immunitaire, essentiel pour aider l'organisme à se défendre contre plusieurs types de cancer : du sein, de la peau, de l'estomac, du côlon… Il aide notamment le foie à détruire et à éliminer les molécules carcinogènes.

- **À titre curatif** : il pourrait réduire les tumeurs même malignes. Mais de plus amples recherches sont nécessaires. Elles permettront peut-être, à plus ou moins long terme, de mettre sur pied des traitements à base d'allicine.

Le meilleur ami de la sphère digestive

On vient de le voir, l'ail a des propriétés « désinfectantes » très utiles pour éliminer les multiples microbes qui peuvent affecter la sphère intestinale. Mais il a encore bien d'autres bénéfices utiles pour le système digestif :

- **il aide à bien digérer** en stimulant la flore intestinale (voir p. 31) ;
- **il prévient les ballonnements** grâce à ses fibres qui évitent la production de gaz intestinaux ;
- **il protège le foie** contre de nombreuses substances toxiques (médicaments, pollution…) ;

• **il a des propriétés laxatives,** utiles pour lutter contre la constipation.

Selon certaines études, l'ail serait également efficace pour **prévenir certains cancers digestifs,** et plus particulièrement ceux du côlon et de l'estomac (voir p. 65). Ainsi, une consommation régulière d'ail permettrait de réduire d'au moins 30 % les risques de voir apparaître ces maladies.

Et encore bien d'autres bienfaits !

Grâce à sa richesse en antioxydants (allicine, flavonoïdes, vitamines E et C, minéraux...), l'ail aide à **combattre les effets néfastes des radicaux libres, à l'origine du processus de vieillissement.** Ajoutez à cela ses propriétés anti-infectieuses, son action préventive sur les maladies cardiovasculaires et le cancer, et il semble logique de dire que la consommation régulière d'ail permet effectivement d'augmenter l'espérance de vie. Un vrai élixir de longévité ! De nombreuses études attestent de cet effet bénéfique. Ainsi, parmi **les adeptes du régime méditerranéen ou crétois,** où l'ail est l'un des ingrédients clés, il y a bien plus de centenaires que chez d'autres populations ! Même constat chez les habitants d'une région de la Chine, grande productrice d'ail, où les gousses sont consommées en grande quantité. L'ail est également très présent dans les menus des habitants de l'archipel d'Okinawa, au sud-ouest du Japon, connus pour son nombre exceptionnel de centenaires et son mode d'alimentation devenu célèbre : le régime Okinawa.

L'ail a aussi **des propriétés diurétiques**, dues au rapport potassium/sodium élevé, ainsi qu'à la présence des fructosanes. À consommer donc pour éviter la rétention d'eau.

Selon de récentes études menées au Japon, l'ail posséderait également un **effet antiallergique particulièrement puissant** (huit fois plus que l'oignon, lui aussi reconnu comme un excellent antiallergique !). Une étude a par exemple montré que des extraits d'ail diminueraient de plus de 90 % la réponse cellulaire après l'exposition à une substance allergisante.

On prête enfin à l'ail **des vertus aphrodisiaques !** On raconte même qu'Henri IV en consommait tous les jours pour être à la hauteur de sa réputation d'homme viril. Autrefois, les jeunes mariés, eux, se voyaient offrir une soupe d'ail, garantie d'une vie de couple très fertile.

La preuve avec ces quelques vers extraits d'un ouvrage de médecine du XVIIe siècle…

Et l'ail sert, aussi quand vous n'avez,
Mes dames… ce que vous savez…
Rend vos maris chauds comme braise,
Et fait que, bien mieux à votre aise,
Il vous caresse dans le lict,
Suivant le proverbe qui dit,
« Quand un homme au lict se repose
Et qu'il ne peut baiser sa femme qu'une fois,
Qu'il mange ail et poireaux, il doublera la dose,
Mesme la nuit suivante, il la baisera trois. »

CHAPITRE 2

Applications pratiques

Consommer régulièrement de l'ail (sous forme crue), c'est excellent pour la santé ! Mais il n'y a pas qu'une seule façon de profiter de ses bienfaits. Parmi ses multiples utilisations, on peut citer :

- **le cataplasme d'ail,** haché ou entier, pour traiter les petits problèmes de peau, renforcer ses ongles, soigner la goutte, soulager les foulures ou faire baisser la fièvre ;
- **l'infusion à l'ail,** contre les rhumes ;
- **le lait à l'ail,** excellent contre la toux ;
- **le bain de vapeur à l'ail,** pour traiter les infections respiratoires ;
- **l'huile à l'ail** pour lutter contre la chute des cheveux ;

- **les cures d'ail ou d'ail des ours,** sous forme de gélules, pour améliorer la circulation sanguine, lutter contre les problèmes de digestion…

Acné, boutons

L'acné est une maladie inflammatoire de la peau qui se caractérise par l'apparition de boutons et de petites lésions : points noirs, kystes… Si elle touche principalement les adolescents lors de la puberté, elle peut aussi concerner les adultes. Cette inflammation est due à une accumulation de sébum qui bouche les pores et entraîne une prolifération des bactéries. Grâce à ses **vertus antiseptiques et antibactériennes**, l'ail peut aider à prévenir la surinfection et à accélérer la guérison, en complément d'un traitement médical si nécessaire et de mesures d'hygiène adaptées.

En pratique

- Mangez régulièrement de l'ail, cru de préférence, ou bien faites des cures d'ail sous forme de capsules.
- Vous pouvez également essayer cette astuce de grand-mère (qui, reconnaissons-le, ne fait pas

dans la douceur !) : coupez une gousse d'ail en deux et appliquez-la directement sur le bouton en frottant très légèrement. Attention, cela peut irriter la peau : n'utilisez cette méthode que sur les gros boutons infectés. Si vous constatez une sensation de brûlure vraiment intense, oubliez tout de suite cette solution, vous risqueriez d'irriter encore davantage votre peau !

Le conseil en + : l'apparition de l'acné et des boutons est parfois liée à une mauvaise hygiène alimentaire. Pour en venir à bout, il faut donc aussi vous pencher sur ce que vous mangez. Oubliez les produits industriels trop gras et trop sucrés, les aliments raffinés, et consommez davantage de fruits et légumes et d'oméga 3 (huiles végétales, poissons gras comme le thon, le saumon, les sardines, les harengs…).

Blessure, coupure, égratignure

L'ail est un excellent désinfectant et antiseptique car **il élimine de manière radicale les bactéries.** Utile donc pour soigner tous les petits bobos bénins du quotidien ! Et notamment quand on se blesse en cuisinant ou en jardinant…

En pratique

- Frottez la petite coupure avec une gousse d'ail coupée en deux, laissez agir quelques minutes puis passez-la sous l'eau (et, évidemment, jetez la gousse d'ail !).
- Vous pouvez également déposer 1 goutte d'huile essentielle d'ail sur la zone touchée. Attention, une goutte, pas plus !

Le conseil en + : à ne pas faire si la blessure est localisée près des yeux ou des muqueuses, et si vous avez la peau très sensible. (Voir aussi les précautions d'emploi de l'huile essentielle d'ail p. 50.)

Bouton de fièvre, herpès labial

Les boutons de fièvre, qui apparaissent sur les lèvres, ne sont pas des simples boutons. Ils sont le signe d'une infection virale causée par l'*Herpes simplex*. Nombre d'entre nous sont porteurs de ce virus à l'état dormant. Mais, parfois, sous l'effet de facteurs déclencheurs (soleil, stress, fièvre, froid...), le virus se réveille et provoque l'apparition de ces vésicules si caractéristiques. Cette affection, qui est souvent très désagréable, disparaît généralement d'elle-même en quelques jours. Mais il ne faut pas la négliger car elle est très contagieuse. Pour **aider l'organisme à se défendre** contre ce virus, et donc à guérir plus vite, l'application d'ail sur la lésion est une solution bien connue et efficace.

En pratique

Dès les premiers picotements (qui annoncent le bouton de fièvre), frottez très légèrement une demi-gousse d'ail épluchée sur la zone concernée. Si ça picote encore plus, c'est que c'est efficace ! À renouveler plusieurs fois par jour jusqu'à disparition des symptômes.

Le conseil en + : utilisez une nouvelle demi-gousse d'ail à chaque application.

Cancer

Attention, pas question ici d'affirmer que la seule consommation d'ail permet de prévenir à coup sûr le cancer, et encore moins de dire que l'ail permet de guérir cette terrible maladie ! Mais, dans le cadre d'une alimentation variée et équilibrée, il peut participer à sa prévention. (Voir aussi p. 65.)

En pratique

Encore une bonne raison d'intégrer l'ail dans son alimentation de tous les jours ! Certaines études affirment que consommer 6 gousses d'ail (crues) par semaine abaisse le risque de cancer colorectal de 30 % et de cancer de l'estomac de 50 % !

Cheveux

De nombreuses marques de cosmétiques et de compléments alimentaires s'intéressent aux bienfaits de l'ail sur les cheveux. Et pour cause : il semble bien que celui-ci soit un remède efficace, et ce à plus d'un titre. Grâce à ses vertus antibactériennes, il assainit le cuir chevelu et **aide à lutter contre les pellicules.** En stimulant la microcirculation, il favorise la vitalité des bulbes, **stimule la pousse des cheveux** et aide à freiner leur chute. Résultat : des cheveux sains et vigoureux. On retrouve d'ailleurs l'*Allium sativum* dans la liste des ingrédients de certains sérums ou huiles de soin antichute vendus dans le commerce, ainsi que dans certains soins pelliculaires. On peut aussi réaliser soi-même des masques capillaires à base d'ail !

En pratique

• Pour une huile de soin antichute de cheveux : pelez et hachez 5 gousses d'ail de manière à les réduire en purée homogène. Ajoutez 50 ml d'huile d'olive et mélangez bien. Laissez reposer à température ambiante pendant 1 à 2 jours. Utilisez cette huile en masque sur les cheveux, en massant bien le cuir chevelu. Laissez poser

30 minutes à 1 heure avant de rincer longuement et de procéder au shampooing.

Le conseil en + : finissez en vaporisant vos cheveux avec un mélange de vinaigre et d'huile essentielle de lavande. Parfait pour faire briller les cheveux (et éliminer éventuellement l'odeur persistante d'ail !).

- Profitez également des bienfaits de l'ail en comprimés, en faisant régulièrement des cures.

Cor, durillon

L'ail a, dit-on, **des vertus coricides**, c'est-à-dire qu'il agit localement pour détruire les cors et autres durillons. Ces durcissements de la peau du pied, localisés sur le bord externe du pied, le dessus du petit orteil (pour le cor) ou aux endroits de pression (pour les durillons) sont dus aux frottements, au port de chaussures inadaptées… Grâce à sa composition, l'ail en application locale, sous forme crue ou d'huile essentielle, peut aider à brûler la couche cornée, tout comme les gels et les lotions coricides que l'on peut trouver en pharmacie. Mais attention, tout comme ces derniers, leur efficacité est limitée (ils n'agissent pas sur la partie « interne » du cor) et donc de courte durée. En cas de cor ou de durillon vraiment gênant, notamment lors de la marche, il est nécessaire de consulter un podologue.

En pratique

- Épluchez et hachez finement une gousse d'ail. Déposez cette purée d'ail sur la zone concernée et posez un pansement ou une compresse afin de maintenir le tout en place pendant une nuit. Renouvelez autant que nécessaire (cela peut prendre deux à trois semaines).
- Vous pouvez aussi couper l'ail en lamelles, les déposer directement sur la zone touchée puis poser un pansement ou une compresse afin de maintenir le tout en place. À renouveler autant que nécessaire.

Le conseil en + : l'ail peut irriter la peau, surtout si elle est déjà sensibilisée. Veillez à protéger la zone périphérique avec un peu d'huile végétale ou un morceau de sparadrap.

- Vous pouvez également utiliser l'huile essentielle d'ail : déposez 1 goutte directement sur la zone concernée, à l'aide d'un Coton-Tige. Si vous avez la peau sensible, ne l'utilisez pas pure :

diluez 1 goutte d'huile essentielle d'ail pur dans 1 ou 2 gouttes d'huile végétale (olive, pépins de raisin…).

Détox

Chaque jour, notre organisme accumule des toxines : mauvaise alimentation, pollution, tabac, alcool, additifs alimentaires… Résultat : quand il n'arrive plus à y faire face, il s'encrasse ! Les conséquences sur notre santé physique et morale sont nombreuses : fatigue, irritabilité, teint terne, ballonnements, ongles cassants, cheveux raplapla, rhumes et infections à répétitions… Une cure détox devient alors indispensable pour purifier l'organisme et retrouver toute son énergie. Elle se fait idéalement au début du printemps, car c'est généralement pendant l'hiver que le corps accumule le plus de toxines. Le principe de la cure détox est de privilégier les aliments (et les boissons) qui vont stimuler l'élimination. Grâce à ses multiples composants, l'ail est **un excellent aliment détox** (au même titre que l'artichaut, le radis noir…). Il aide l'organisme à chasser les toxines de l'organisme, notamment les polluants (plomb, mercure...). De plus, grâce à ses vertus antibactériennes, il purifie le système intestinal. Une cure d'ail et ça repart !

En pratique

- Le principe de la cure détox est d'adopter, pendant une période donnée, une alimentation riche en fruits et légumes frais, et pauvre en graisses et donc en toxines. L'ail fait partie des aliments à privilégier dans ce cadre.
- Vous pouvez également faire une cure d'ail (ail commun ou ail des ours) sous forme de gélules pendant 1 mois (pour les dosages, fiez-vous aux indications du fabricant)... en complément d'une alimentation variée et équilibrée bien sûr !
- Autre solution : utiliser la teinture-mère d'ail des ours (voir p. 53) sous forme de cure de trois semaines, à raison de 15 à 20 gouttes diluées dans un grand verre d'eau, à prendre trois fois par jour.

Diabète

Certaines études ont montré que la consommation d'ail, notamment chez les animaux, a des effets hypoglycémiants, c'est-à-dire qu'elle réduit le taux de sucres dans le sang. Mais rien n'a encore été prouvé chez l'homme. On peut simplement affirmer que **l'ail agit indirectement sur le diabète, en limitant notamment ses complications**, grâce à ses bienfaits antioxydants et anti-inflammatoires.

En pratique

Consommez de l'ail régulièrement, de préférence sous forme crue : c'est excellent pour votre santé générale !

Diarrhée, infection intestinale, turista

L'ail est **un excellent désinfectant de l'intestin** : il est donc recommandé d'en consommer quand on souffre d'un petit souci d'ordre digestif lié à la consommation de nourriture pas très fraîche.

En pratique

- Consommez de l'ail cru ou faites une petite cure de gélules d'ail.
- Vous pouvez également utiliser l'huile essentielle d'ail (en respectant scrupuleusement toutes les précautions nécessaires, voir p. 50). Diluez-en 1 goutte dans 1 cuillère à soupe d'huile d'olive, et versez sur vos pâtes, par exemple.

Le conseil en + : si vous souffrez de diarrhée ou d'une infection intestinale, évitez les légumes crus pendant un petit moment : crudités, salade verte…

- L'ail est également efficace en prévention : si vous voyagez dans un pays exotique par exemple, essayez d'en consommer régulièrement (toujours cru !), afin de vous protéger contre la turista. Un réflexe à adopter en complément de mesures d'hygiène adaptées : pas de crudités, pas d'eau du robinet…

Digestion

De nombreuses personnes se plaignent de ne pas bien digérer l'ail, surtout quand il est cru. Mais saviez-vous que l'ail a, au contraire, **des vertus digestives** ? En effet, riche en enzymes digestives, il favorise la sécrétion des sucs gastriques indispensables à la bonne digestion, notamment après un repas lourd et riche en graisses. De plus, grâce à son action antiseptique, il empêche le développement des bactéries dans le tube digestif. Il est notamment préconisé en médecine ayurvédique pour soigner de nombreux troubles digestifs.

En pratique

- Avant ou après un repas un peu riche, prévoyez une salade de crudités ou une salade verte assaisonnée avec une vinaigrette parfumée à l'ail. Délicieux et parfait pour stimuler la digestion !
- Si l'ail vous provoque des brûlures d'estomac ou si vous le digérez mal, c'est sûrement que vous n'avez pas ôté son germe (au centre de la gousse), ou que vous l'avez consommé en trop grande quantité. Ou bien encore que vous l'avez consommé l'estomac vide. Pour mieux le digérer, vous pouvez l'associer, dans une salade par exemple, à des herbes aromatiques fraîches :

menthe, basilic, persil, thym… En plus, c'est excellent pour lutter contre la mauvaise haleine que peut provoquer la consommation d'ail.

- Vous pouvez également consommer l'ail sous forme de gélules. Pour les dosages, fiez-vous aux mentions données par le fabricant.
- L'ail des ours en gélules aide aussi à soulager les douleurs d'estomac et à faciliter la digestion. Fiez-vous également aux dosages indiqués par le fabricant.

Eczéma

Cette maladie de peau, qui touche le plus souvent les enfants, est bénigne, mais très dérangeante au quotidien. L'ail est un remède de grand-mère souvent préconisé, mais attention car il peut être très irritant surtout si la peau est déjà bien enflammée ! On n'utilisera donc le remède suivant que **sur les petites plaques d'eczéma localisées et non douloureuses.**

En pratique

Pelez et hachez 2 gousses d'ail. Dans une petite casserole, faites bouillir 250 ml d'eau. Ajoutez l'ail et laissez bouillir pendant 5 minutes. Filtrez le mélange obtenu et laissez-le refroidir. Appliquez un peu de cette solution sur un coton, et passez-le sur les lésions. Renouvelez l'application deux fois par jour jusqu'à amélioration des symptômes.

Fièvre

Pour faire baisser la fièvre, rien de tel qu'un bain bien chaud. Mais il existe aussi **un vieux remède de grand-mère à base d'ail**. Si le cœur vous en dit, vous pouvez le tester… Mais accrochez-vous car vous risquez de sentir l'ail à des dizaines de mètres à la ronde !

En pratique

Dans un mortier, pilez longuement 5 gousses d'ail épluchées + 5 brins de persil (avec les racines) + 1 poignée de gros sel + 1 cuillère à soupe de suie. Appliquez cette pâte sur vos poignets, recouvrez avec une compresse et un sparadrap. Maintenez en place au moins 2 jours.

Foulure

Si l'on en croit **un vieux remède de grand-mère,** l'ail serait efficace également en cas de foulure ! Pour s'en convaincre, il suffit de le tester. Une chose est sûre en tout cas : à défaut d'être efficace, cette technique ne peut pas faire de mal !

En pratique

Épluchez une gousse d'ail et coupez-la en deux. Laissez-la mariner quelques heures dans 2 cuillères à soupe d'huile d'olive, puis enduisez la cheville ou le poignet de cette huile et bandez en ne serrant pas trop. Laissez en place toute une nuit.

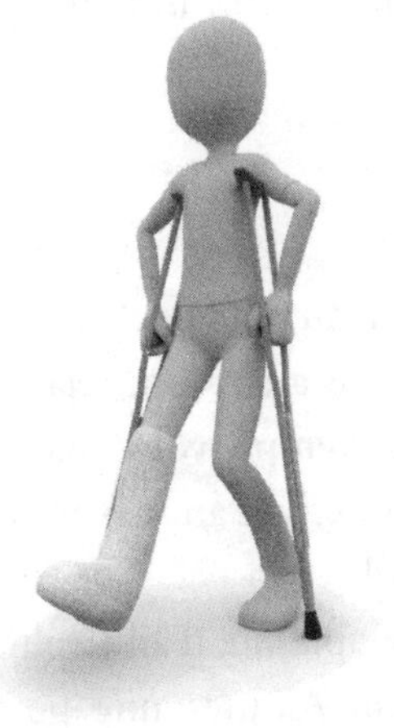

Goutte

La goutte est due à un excès d'acide urique dans le sang, qui cristallise sous forme d'urates. Celui-ci peut être lié à une surconsommation de charcuteries, d'abats, de viande séchée, de certains poissons comme les harengs ou d'alcool (notamment la bière), à la prise de certains médicaments, à un problème rénal, à l'hérédité, au stress… La crise se manifeste par une douleur arthritique aiguë, généralement dans le gros orteil (mais aussi, parfois, dans la cheville ou le genou) : l'articulation enfle et devient rouge. **L'allicine aiderait à dissoudre ces cristaux** : voilà pourquoi on conseille aux personnes souffrant de goutte de consommer régulièrement de l'ail. Nos grands-mères utilisaient aussi l'ail en cataplasmes…

En pratique

• Mettez l'ail au menu chaque jour (cru de préférence). Mais attention, cela ne sera efficace que si, dans le temps, vous changez de régime alimentaire, et excluez au maximum les aliments cités ci-dessus !

• Pour un cataplasme d'ail : épluchez et mixez 3 gousses d'ail. Ajoutez une pomme de terre cuite et épluchée, puis écrasez le tout à la fourchette. Enduisez la zone douloureuse avec cette mixture, et recouvrez d'une bande de gaze. Maintenez en place toute une nuit. À renouveler jusqu'à disparition de la douleur.

Hygiène bucco-dentaire

On a du mal à imaginer l'ail comme un allié de notre hygiène bucco-dentaire ! Et pourtant, grâce à ses propriétés antibactériennes et anti-inflammatoires, l'ail peut **soigner de nombreux petits maux de la bouche**, dus à une hygiène insuffisante et donc à une prolifération de germes : aphtes, caries, abcès, gingivite…

En pratique

- Pour prévenir les aphtes, la gingivite… utiliser l'ail en bain de bouche. Pour préparer la solution, pelez et écrasez 3 gousses d'ail, ajoutez 250 ml de vinaigre blanc, et laissez mariner une nuit. Utilisez 1 cuillère à soupe de cette décoction chaque jour en bain de bouche. C'est parfait pour lutter contre toutes les petites bactéries qui peuvent vous empoisonner la bouche.

- Pour les rages de dents, voir p. 100.

Le conseil en + : brossez-vous les dents après ce bain de bouche... très parfumé !

Hypertension

L'Organisation mondiale de la santé elle-même indique que l'ail permet de réduire la tension, surtout chez les patients qui souffrent d'une hypertension modérée. Son secret : ses composants comme les fructosanes ou certains minéraux, qui ont **des propriétés vasodilatatrices et fluidifiantes**. En clair, l'ail augmente le calibre des artères, ce qui facile le passage du sang. De plus, en raison de ses vertus diurétiques, il réduit le volume d'eau dans le corps et donc la pression artérielle.

En pratique

L'ail doit faire partie d'un régime alimentaire quotidien. La bonne dose : 2 gousses par jour, de préférence crues.

Le conseil en + : attention, la consommation, même régulière, d'ail ne dispense pas d'un traitement adapté, surtout chez les personnes atteintes d'une hypertension sévère.

Infections respiratoires

L'hiver, les infections respiratoires sont fréquentes ! Que celles-ci soient bénignes, comme le rhume, ou plus problématiques, comme la grippe ou la bronchite, l'ail est un remède efficace pour **assainir les voies respiratoires** et accélérer la guérison. Mais son action est aussi, et surtout, préventive car il renforce les défenses naturelles de l'organisme. À prendre donc dès le début de l'hiver, ou quand une épidémie de grippe s'annonce ! En infusion, en tisane, en … à vous de choisir la forme que vous préférez !

En pratique

- En prévention, au début de l'hiver, suivez une cure d'ail en gélules, sur trois mois environ. Ou mâchez régulièrement des gousses d'ail pendant tout l'hiver : un peu rude au début, mais vous allez vous y habituer !

- En cas de symptômes d'une infection respiratoire : épluchez et hachez 2 gousses d'ail. Mettez-les dans un petit bol et respirez-en régulièrement le contenu. Vous pouvez ajouter à ce mélange 2 à 3 gouttes d'huile essentielle (eucalyptus radié, menthe poivrée…).
- Encore plus efficace : le bain de vapeur d'ail. Faites bouillir 250 ml d'eau. Ajoutez 4 à 5 gousses d'ail épluchées et grossièrement écrasées. Posez une serviette sur votre tête et respirez les vapeurs pendant 5 minutes. Vous pouvez remplacer l'ail frais par 2 à 3 gouttes d'huile essentielle d'ail.
- Autre solution : la tisane à l'ail et à la cannelle. La recette : faites bouillir 250 ml d'eau. Ajoutez 1 bâton de cannelle, 2 gousses d'ail pelées et grossièrement écrasées, et laissez infuser 20 minutes. Ajoutez ensuite dans cette infusion, selon votre goût, un peu de miel ou de jus de citron. Buvez bien chaud. À faire deux à trois fois par jour jusqu'à disparition des symptômes.
- Vous pouvez également utiliser la teinture-mère d'ail des ours (voir p. 50), à raison de 15 gouttes diluées dans un verre d'eau, à prendre trois fois par jour pendant trois semaines.

Voir aussi « Toux » (p. 102).

Maladies cardio-vasculaires, cholestérol

L'ail est un allié précieux pour prévenir les maladies cardio-vasculaires, car **il agit sur de nombreux facteurs de risques cardio-vasculaires,** comme le cholestérol, l'hypertension, l'état des vaisseaux et des artères (voir p. 63)… L'intégrer au quotidien dans son régime alimentaire est donc une bonne habitude à prendre !

En pratique

• Consommez chaque jour 2 gousses d'ail, crues de préférence pour bénéficier de ses bienfaits.

• Profitez également des atouts de l'huile essentielle d'ail, à raison de 1 goutte deux fois par jour en cure de deux ou trois semaines. La bonne idée : ajoutez 1 goutte d'huile essentielle d'ail dans 1 cuillère à soupe d'huile d'olive, et utilisez cette petite sauce pour parfumer vos pâtes, vos salades… Excellent pour la santé… et délicieux !

Le conseil en + : respectez à la lettre les dosages et les précautions d'emploi de l'huile essentielle d'ail car c'est un produit très puissant.

• Vous pouvez prendre également l'ail sous forme de gélules. Consultez la notice pour connaître le dosage.

Mal de gorge

La gorge est la porte d'entrée des bactéries. Un simple mal de gorge peut être le signe annonciateur d'un rhume, d'une angine, d'une grippe… Il ne faut donc pas tarder pour réagir, et adopter ce **remède naturel à base d'ail.**

En pratique

Préparez-vous cette pâte 100 % naturelle et 100 % efficace qui remplacera avantageusement les pastilles que vous trouvez en pharmacie. Pour cela, mixez 6 gousses d'ail, ajoutez 2 cuillères à soupe de miel et le jus de ½ demi-citron. Mélangez bien. Prenez une cuillère à café de ce mélange et laissez-la fondre tout doucement dans la gorge. À renouveler tout au long de la journée.

Mauvaise circulation

Manque d'activité physique, mauvaise alimentation, excès de poids, position assise ou debout prolongée, tabagisme, problèmes vertébraux, port de vêtements trop serrés… sont autant de causes d'une mauvaise circulation sanguine. Résultats : gonflement des chevilles, sensation de jambes lourdes, crampes, fourmillements, varices, hémorroïdes… et même, dans les cas les plus graves, phlébite (inflammation de la paroi d'une veine), athérosclérose (encrassement des artères…). D'où l'importance de surveiller de près ces problèmes ! Pour lutter contre ces troubles, la consommation d'ail est particulièrement recommandée car, grâce à ses multiples composants, l'ail a **un effet fluidifiant**.

En pratique

- Mangez régulièrement de l'ail cru !
- Vous pouvez également le prendre sous forme de complément alimentaire (ail commun ou ail des ours) : gélules, teinture-mère…

Mycose, pied d'athlète

Les mycoses sont des infections dues à des champignons. C'est le cas par exemple de ce que l'on appelle « pied d'athlète », une infection qui touche la peau située entre les orteils. On l'appelle ainsi car on l'attrape le plus souvent en marchant pieds nus dans des endroits humides, propices au développement du *Trichophyton rubrum* ou du *Trichophyton mentagrophytes* : vestiaires, piscines… Il n'est pas facile d'en guérir car ces champignons sont résistants. Heureusement, **grâce à ses propriétés antibactériennes et antifongiques**, l'ail peut se révéler d'une aide précieuse. Des essais cliniques ont même démontré que les pommades à l'ajoène (un des composants de l'ail) étaient plus efficaces sur le pied d'athlète que les pommades antifongiques traditionnelles.

En pratique

• Déposez 1 goutte d'huile essentielle d'ail entre les orteils (en cas de pied d'athlète) ou sur la zone concernée. Si vous avez la peau très sensible, prenez soin de diluer cette goutte d'huile essentielle dans 1 à 2 gouttes d'huile végétale (olive, pépins de raisin…) avant de l'appliquer sur la peau. (Voir aussi les précautions d'emploi de l'huile essentielle d'ail p. 50.)

- Vous pouvez également utiliser une crème ou un gel à base d'ajoène. Optez pour une concentration de 1 %. Demandez conseil à votre pharmacien.
- Autre solution : frottez directement la zone avec une gousse d'ail coupée en deux ou un peu d'ail haché. Mais attention, cela peut irriter la peau.
- La prévention et le traitement des mycoses passent aussi par l'alimentation : la consommation régulière d'ail frais peut également se révéler efficace.

Ail et *Candida albicans*

Le *Candida albicans* est un champignon naturellement présent dans l'organisme. Mais parfois, sous l'effet de divers facteurs (surconsommation d'antibiotiques, alimentation trop riche en sucre, stress...), il prolifère de façon anarchique. Ses répercussions sur la santé sont multiples : grande fatigue, maux de ventre réguliers, troubles de l'humeur, irritabilité, troubles de la mémoire, mycoses, éruptions cutanées, démangeaisons, ballonnements, constipation, douleurs articulaires, diarrhées, toux, rhinites, allergies, intolérances alimentaires... Autant de symptômes dont nous pouvons souffrir à un moment ou à un autre de notre vie, sans en connaître précisément l'origine. Et si c'était le *Candida albicans* ? La plupart d'entre nous n'ont jamais entendu parler de ce champignon. Et pourtant, nous sommes tous ou presque concernés, un jour ou l'autre de notre vie ! Et on pourrait tous s'épargner bien des soucis en intégrant l'ail dans notre alimentation quotidienne. Consommé cru ou sous forme de complément alimentaire, l'ail est d'une aide précieuse pour combattre ce champignon, et retrouver la forme... et le sourire !

Ongles

Vous avez les ongles cassants et ternes, vous trouvez qu'ils ne poussent pas assez vite ? Misez sur l'ail : **encore un remède de grand-mère** qui a fait ses preuves et se transmet de génération en génération !

En pratique

- Chaque soir, frottez vos ongles avec ½ gousse d'ail. À faire pendant une semaine.
- En complément, offrez à vos ongles des petits massages à l'huile d'olive (pour les nourrir) et au jus de citron (pour les nettoyer et les rendre bien nets).

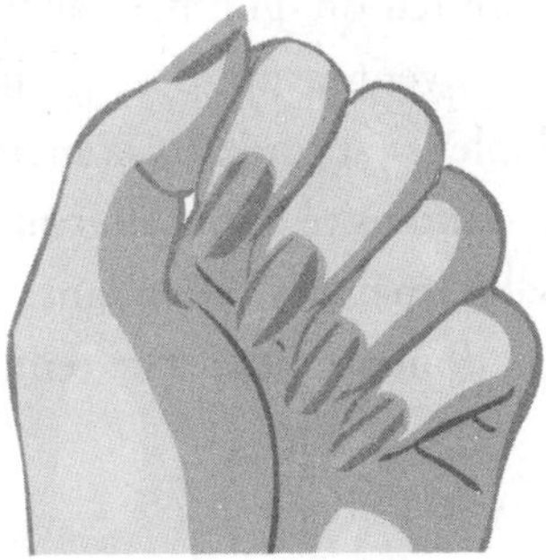

Piqûre d'insecte

Grâce à ses **vertus antibactériennes**, l'ail désinfecte efficacement les piqûres d'insectes (moustique, guêpe...) et soulage les démangeaisons.

En pratique

- Coupez une gousse d'ail en deux, et frottez tout doucement la zone piquée.
- En cas de piqûre d'abeille, de guêpe ou de frelon, veillez toujours à enlever le dard, s'il y en a un, avant d'appliquer l'ail.

Rage de dents

Carie, inflammation d'un nerf, abcès... les rages de dents peuvent avoir des origines diverses. Mais la douleur est toujours la même, avec plus ou moins d'intensité. Consulter un dentiste est indispensable mais, en attendant, vous pouvez **soulager la douleur** grâce à ce remède naturel.

En pratique

- Placez un petit morceau d'ail frais directement dans le creux de la dent malade ou une gousse d'ail entière contre la zone douloureuse jusqu'à ce que la douleur s'atténue. Autre solution : écrasez une gousse d'ail afin d'en récupérer le jus, puis appliquez-le sur la zone douloureuse à l'ail d'un Coton-Tige.
- Vous pouvez aussi mâcher longuement une gousse d'ail… mais gare à la mauvaise haleine.

Rhume, nez bouché

C'est la maladie la plus fréquente de l'hiver. Nez qui coule, nez bouché, difficultés à respirer… cette infection n'est pas grave, et disparaît naturellement en quelques jours. Mais vous pouvez accélérer votre guérison en faisant **des bains de vapeur à l'ail**. Efficace… mais il faut aimer l'odeur de l'ail !

En pratique

Dans un petit bol, écrasez 2 gousses d'ail crues, ajoutez 2 cuillères à soupe de vinaigre blanc puis 2 cuillères à soupe d'eau bouillante. Posez une serviette éponge sur votre tête et respirez les vapeurs qui se dégagent (en fermant les yeux), pendant quelques minutes. À faire deux fois par jour, jusqu'à amélioration des symptômes.

Toux

Pour apaiser les quintes de toux sèche, le lait à l'ail figure parmi **les remèdes de grand-mère les plus efficaces**. Seule contrainte : s'habituer à ce petit goût bien particulier !

En pratique

• Préparez-vous un lait à l'ail : épluchez et coupez en fines lamelles une gousse d'ail. Dans une petite casserole, faites chauffer 125 ml de lait jusqu'à ébullition. Ajoutez les lamelles d'ail et laissez cuire à petits bouillons 2 à 3 minutes. En fin de cuisson, ajoutez 1 cuillère à soupe de miel liquide, et buvez bien chaud. À renouveler si nécessaire dans la journée.

- Si vous n'aimez pas le lait, vous pouvez préparer une décoction à l'ail : plongez 3 gousses d'ail hachées dans 250 ml d'eau bouillante, et laissez cuire à petits bouillons pendant 1 heure. Buvez cette préparation chaude avant le repas.
- Vous pouvez également prendre, le matin à jeun, une gousse d'ail crue. Mastiquez-la bien avant d'avaler. Un peu rude au réveil, mais redoutablement efficace !

Verrue

Les verrues sont des petites excroissances de la peau résultant d'une infection causée par un virus de la famille des papillomavirus humains. Grâce à **ses propriétés antivirales**, l'ail, sous forme crue ou d'huile essentielle, constitue un remède naturel efficace.

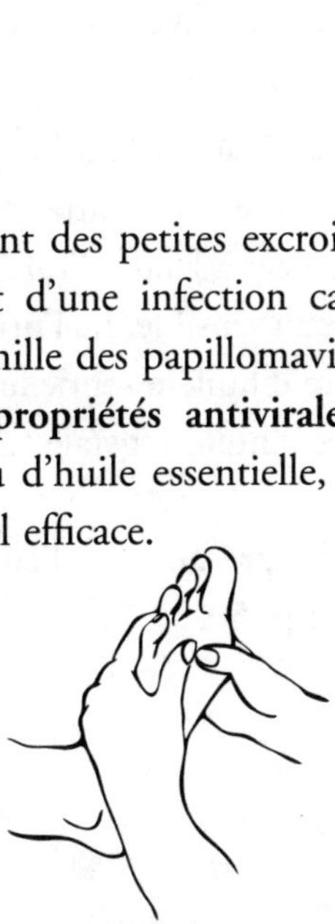

En pratique

• Épluchez et hachez finement une gousse d'ail. Déposez la purée d'ail sur la zone concernée et posez un sparadrap ou une compresse afin de la maintenir en place. Vous pouvez aussi couper l'ail en lamelles et les déposer directement sur la zone touchée. À renouveler jusqu'à guérison complète (cela peut prendre deux à trois semaines).

Le conseil en + : l'ail peut irriter la peau, surtout si elle est déjà sensibilisée. Veillez à protéger la zone périphérique avec un peu d'huile ou un morceau de sparadrap.

• Vous pouvez également utiliser l'huile essentielle d'ail : déposez 1 goutte directement sur la zone concernée, à l'aide d'un Coton-Tige. Si vous avez la peau sensible, ne l'utilisez pas pure : diluez 1 goutte d'huile essentielle d'ail pur dans 1 ou 2 gouttes d'huile végétale (olive, pépins de raisin…).

Voir aussi les précautions d'emploi de l'huile essentielle d'ail p. 50.

Vieillissement

Cholestérol, maladies cardio-vasculaires, hypertension, problèmes de circulation sanguine… autant de troubles et de maladies qui apparaissent au fur et à mesure que l'on avance en âge. Mais bonne nouvelle : l'ail a une efficacité certaine dans tous ces cas de figure ! Grâce à sa richesse en antioxydants (allicine, flavonoïdes, vitamines E et C, minéraux…), il aide à **combattre les effets néfastes des radicaux libres, à l'origine du processus de vieillissement**. De plus, c'est également un excellent protecteur du cerveau. Depuis des millénaires, en Chine, on le recommande comme anti-âge cérébral.

En pratique

Encore une bonne raison d'intégrer l'ail à son alimentation quotidienne. Sans oublier qu'il est inutile d'attendre d'être vieux pour profiter de ses multiples bienfaits santé !

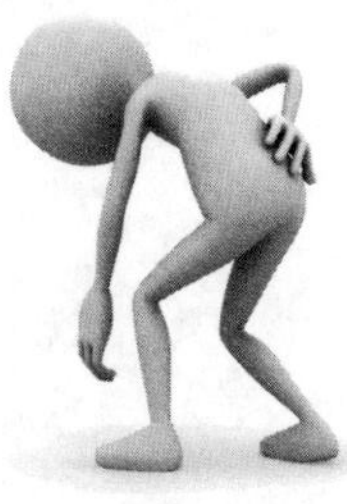

PARTIE 3

Ses autres utilisations

CHAPITRE I

L'ail dans la maison

Insectes indésirables, pucerons

Votre jardin est envahi par les insectes indésirables ? Pour les repousser, oubliez les produits chimiques mauvais pour l'environnement et pour votre santé, et misez sur une alternative 100 % naturelle, efficace et économique : **le purin d'ail** !

En pratique

Pour préparer votre purin d'ail : portez à ébullition 2 litres d'eau. Pendant ce temps, hachez les gousses d'une tête d'ail entière, et jetez-les dans l'eau bouillante. Couvrez et laissez infuser pendant toute une nuit. Filtrez et versez le mélange dans un pulvérisateur. Vaporisez vos plantes régulièrement avec ce mélange, tous les deux à trois jours.

Mites (alimentaires)

Ras-le-bol de ces petites bestioles qui envahissent vos placards et s'enfouissent dans vos réserves de céréales ? Il est temps de réagir en employant les grands moyens pour les faire fuir. L'ail est **un remède efficace et 100 % naturel**. À utiliser principalement contre les mites alimentaires… à moins que vous n'ayez envie que toute votre garde-robe sente l'ail !

En pratique

- Coupez en deux plusieurs gousses d'ail non épluchées et déposez-les dans vos placards. Renouvelez-les toutes les deux à trois semaines. Vous pouvez aussi les tailler en fines lamelles et les mettre dans une coupelle que vous poserez dans votre placard.
- Vous pouvez également utiliser l'huile essentielle d'ail : versez-en 2 gouttes sur une pierre

poreuse, et déposez-la dans une coupelle que vous mettrez dans votre placard.

• Vous pouvez également nettoyer régulièrement vos placards avec une solution à base d'ail (utiliser la recette détaillée en bas de cette page).

Plantes vertes

Votre chat adore vos plantes vertes… au point de les croquer régulièrement ? Au lieu de les mettre dans un coin inaccessible, protégez-les avec **une solution maison à l'ail**. En général, les chats détestent cette odeur ! Parions que le vôtre les laissera désormais tranquilles…

En pratique

Portez à ébullition 1 litre d'eau. Pendant ce temps, hachez 6 gousses d'ail. Jetez-les dans l'eau bouillante. Couvrez et laissez infuser toute une nuit. Filtrez et versez le mélange dans un pulvérisateur. Vaporisez régulièrement vos plantes avec cette solution. En plus, vous éloignerez par la même occasion les pucerons !

Faites pousser votre ail !

Si vos gousses d'ail ont commencé à germer, mettez-les en terre, dans une jardinière puis... patientez ! Au bout de quelques semaines, les tiges vertes auront grandi, il ne vous restera qu'à les couper. C'est l'aillet, un condiment très utilisé dans le Sud-Ouest.

Vous pouvez aussi planter directement en terre ou dans une jardinière des gousses d'ail, pointe en l'air (elles doivent être à l'air libre), si possible dans un endroit ensoleillé. Faites vos plantations de préférence à la fin de l'automne. Choisissez de grosses gousses issues d'un ail de qualité, et si possible bio. La récolte se fera au milieu de l'été, dès que le sommet des tiges commence à foncer. Laissez ensuite sécher vos gousses d'ail.

CHAPITRE 2

L'ail en cuisine

Ail sec : 10 trucs et astuces

1. Intensité variable

L'ail a une saveur très forte qui ne plaît pas à tout le monde. Sachez qu'il existe des astuces pour atténuer son parfum !

- Pour les amateurs de sensations fortes : écrasez les gousses à l'aide du plat du couteau et pilonnez l'ail dans un mortier (avec un peu de sel). Consommez-le cru, c'est ainsi que son goût est le plus intense.
- Pour un goût un peu atténué : utilisez l'ail sous forme hachée.

- Pour une saveur encore plus douce : découpez l'ail en fines lamelles.
- Pour donner un petit goût d'ail à un plat : ajoutez des gousses entières qui le parfumeront légèrement. Il sera ensuite facile de les retirer avant dégustation. Idéal pour les marinades, la cuisson d'une viande…
- Pour atténuer encore un peu son parfum : faites tremper les gousses (non pelées) 1 heure dans l'eau froide avant utilisation. Au passage, cela vous simplifiera la corvée de l'épluchage (voir p. 115).
- Sachez également que la saveur de l'ail s'adoucit à la cuisson. Pour un goût discret et délicat, utilisez-le sans l'éplucher (voir « En chemise », p. 115).

2. Des plats parfumés

Pour donner une légère saveur aillée à vos préparations, frottez l'intérieur de vos plats (plat à gratin, saladier…) avec une gousse d'ail coupée en deux. Idéal pour les gratins de pomme de terre, les gigots…

3. La bonne cuisson

Pour profiter de tous les bienfaits de l'ail, mieux vaut le consommer cru. Mais vous pouvez très bien le consommer cuit : il adore par exemple l'huile d'olive dans les poêlées de légumes… Attention toutefois à ne pas le faire trop brunir ou, pire, le faire brûler, car il dégagerait des composés toxiques et gâcherait toute la saveur de votre plat.

4. En chemise

Détachez les gousses d'ail et ajoutez-les, non pelées, dans le plat de cuisson, avec un petit verre d'eau. Il ne vous reste qu'à enfourner. Idéal pour parfumer un gigot, un poulet, un rôti…

5. À bas le germe

Éliminez toujours soigneusement le germe qui se trouve au milieu de chaque gousse : c'est lui qui rend l'ail amer et difficile à digérer.

6. Épluchage facile

Pour vous faciliter la tâche, faites tremper les gousses d'ail 10 minutes dans un bol d'eau tiède : elles s'éplucheront ensuite toutes seules ! En prolongeant ce temps de trempage à une heure, vous atténuerez le goût de l'ail.

7. De l'ail qui a la frite !

Pour rendre vos frites maison encore meilleures, ajoutez quelques gousses d'ail épluchées dans l'huile de cuisson.

8. À la petite cuillère

À l'aide d'un grand couteau, coupez la tête d'ail (on dit bien la tête, pas la gousse !) en deux, horizontalement. Posez les deux moitiés, côté coupé au-dessus, dans un petit plat à four. Versez un filet d'huile d'olive sur les têtes d'ail et un peu de bouillon dans le fond du plat. Enfournez à four chaud (180 °C, soit thermostat 6) pendant 45 minutes, en arrosant régulièrement les demi-têtes d'ail avec le jus de cuisson. À mi-cuisson, posez un papier d'aluminium sur votre plat, de manière à ce que l'ail ne dessèche pas. Pour déguster vos têtes d'ail, il suffira de plonger une petite cuillère dans chaque gousse afin d'en retirer la chair fondante. Vous pouvez proposer ces demi-têtes d'ail en accompagnement d'une viande, gigot notamment.

9. Vive le presse-ail !

Ce petit outil malin vous permet d'obtenir une purée d'ail en un clin d'œil. Indispensable si vous êtes un grand fan d'ail ! À défaut, vous pouvez réaliser votre purée d'ail à l'aide d'un pilon et d'un mortier. Dans ce cas, ajoutez une pincée de fleur de sel pour faciliter le « pilonnage ».

10. *Out* les odeurs tenaces !

Pour ôter le parfum tenace de l'ail sur les ustensiles et vos mains, voici des astuces efficaces !

- Pour laver votre couteau, passez-le sous l'eau bien froide (et non pas chaude).
- Pour nettoyer une planche à découper en bois, frottez-la avec du gros sel puis rincez.
- Pour éliminer les odeurs d'ail sur vos mains, frottez-les avec du persil frais ou du jus de citron. Vous pouvez aussi passer vos doigts sur un instrument métallique, un couteau propre par exemple (en faisant attention de ne pas vous couper !).

Que faire avec l'ail frais, l'aillet et l'ail des ours ?

- **L'ail frais**, encore pourvu de son vert, se cuisine en entier : le vert comme les poireaux, et les gousses comme les gousses d'ail sec (sans les dégermer car… elles n'ont pas de germe !).

  Notre idée de recette : Omelette aux courgettes et au vert d'ail frais (p. 137).

- **L'aillet** s'utilise comme les oignons verts (ou cébettes), cru ou cuit. Il suffit de l'émincer puis d'en ajouter dans vos omelettes, gratins, pâtes ou toute autre préparation à base de légumes. Idéal aussi pour parfumer un bouillon par exemple.

  Nos idées de recettes : Salade tomates-mozza à l'aillet (p. 130). Pâtes aux petits pois, au parmesan et à l'aillet (p. 138). Quiche aux aillets (p. 139).

- **L'ail des ours** s'utilise comme un légume ou comme un condiment, émincé comme de la ciboulette. On le consomme entier (bulbe + feuilles). On peut le déguster en salade ou le cuisiner sous forme de soupe, de pesto, de tartinade (mélangé par exemple avec du fromage frais) ou d'accompagnement, comme des épinards.

Nos idées de recettes : Soupe à l'ail des ours (p. 131). Tartinade à l'ail des ours (p. 132). Pesto à l'ail des ours (p. 146).

Ail déshydraté et ail surgelé

Dans les magasins, on trouve l'ail sous deux formes bien pratiques quand on n'a pas de têtes d'ail à la maison.

L'ail déshydraté, en pot, présente très peu d'intérêt, tant d'un point de vue nutritionnel que d'un point de vue goût ! De plus, il rancit rapidement, ce qui risque de donner un goût désagréable à vos plats.

L'ail surgelé, en revanche, est beaucoup plus intéressant car il a un vrai goût d'ail, et conserve une partie de ses bienfaits santé. De plus, il est déjà prêt à l'emploi et facile à doser : il suffit de le sortir du congélateur et d'en saupoudrer votre plat (puis de le ranger immédiatement au congélateur pour éviter qu'il ne dégèle).

AMUSE-BOUCHES ET ENTRÉES

Note : sauf mention contraire, ces recettes ont été préparées avec de l'ail sec, que l'on trouve en toute saison. Mais, au printemps, vous pouvez bien sûr les réaliser avec de l'ail frais. Il sera dans ce cas inutile de le dégermer (puisqu'il n'a pas de germe).

Croûtons à l'ail

Pour 4 personnes :

150 g de restes de pain dur (baguette, pain de campagne…)
4 cuillères à soupe d'huile d'olive
4 gousses d'ail
Sel, poivre du moulin

Préparation :

- Pelez et dégermez les gousses d'ail. Pressez-les à l'aide d'un presse-ail. Mélangez le jus obtenu avec l'huile d'olive, du sel et du poivre.
- Coupez le pain en morceaux, et déposez-les dans un saladier. Ajoutez l'huile parfumée et mélangez. Laissez reposer 30 minutes environ afin que le pain s'imprègne bien des saveurs de l'huile.

• Faites chauffer votre four thermostat 7 (200 °C).

• Déposez les morceaux de pain égouttés sur une plaque recouverte de papier sulfurisé et laissez-les griller 10 minutes au four en les retournant à mi-cuisson. Pensez à bien surveiller la cuisson afin d'éviter que le pain ne brûle !

• Sortez les croûtons du four et égouttez-les sur un papier absorbant.

Le conseil en + : ces croûtons peuvent être utilisés pour agrémenter une soupe froide ou chaude, une salade César, des légumes grillés… On peut aussi, tout simplement, les grignoter à l'apéro.

Champignons farcis à l'ail

Pour 4 personnes :
12 gros champignons de Paris
2 échalotes
2 gousses d'ail
1 petit bouquet de persil plat
100 g de mie de pain
2 jaunes d'œufs
2 cuillères à soupe d'huile d'olive
Sel, poivre du moulin

Préparation :

- Préchauffez le four sur thermostat 6 (180 °C).
- Ôtez les pieds des champignons et nettoyez les chapeaux avec un papier absorbant humide.
- Coupez l'extrémité des pieds des champignons et grattez-les. Hachez-les grossièrement.
- Pelez et émincez finement les échalotes et l'ail.
- Dans une poêle, faites chauffer 1 cuillère à soupe d'huile d'olive, ajoutez l'échalote, l'ail et le hachis de champignons. Laissez cuire pendant 10 minutes à feu doux en remuant souvent.
- Pendant ce temps, lavez et ciselez le persil. Hachez la mie de pain.
- Dans un saladier, mélangez la farce aux champignons avec le persil, la mie de pain et les

jaunes d'œufs. Salez et poivrez. Farcissez les chapeaux des champignons avec cette préparation et déposez-les dans un plat à four. Arrosez du reste d'huile d'olive avant d'enfourner.

• Laissez cuire 10 à 15 minutes en arrosant régulièrement les champignons avec le jus rendu.

Le conseil en + : vous pouvez servir ces champignons, chauds ou tièdes, à l'apéritif.

Velouté à l'ail

Pour 4 personnes :
2 belles têtes d'ail
1 gros oignon
3 pommes de terre de taille moyenne (type charlotte)
1 cuillère à soupe d'huile d'olive
½ litre de lait demi-écrémé ou entier
30 g de parmesan en lamelles
2 feuilles de sauge
Quelques feuilles de persil frais
Sel, poivre du moulin

Préparation :

- Séparez les gousses d'ail et laissez-les tremper, non épluchées, dans un bol d'eau tiède pendant 10 minutes.
- Pendant ce temps, pelez et émincez l'oignon. Lavez les pommes de terre, épluchez-les et coupez-les en morceaux. Réservez-les.
- Égouttez les gousses d'ail, épluchez-les et dégermez-les. Puis émincez-les grossièrement.
- Dans une grande casserole, faites chauffer l'huile d'olive à feu doux puis ajoutez l'ail émincé. Laissez cuire pendant 10 minutes, toujours à feu doux, en remuant souvent.
- Ajoutez ensuite les oignons et poursuivez la cuisson pendant 5 minutes, en mélangeant régulièrement.
- Versez ensuite les dés de pommes de terre, le lait et ½ litre d'eau. Ajoutez les feuilles de sauge, salez, poivrez et portez le tout à ébullition. Laissez cuire sur feu doux, à petits bouillons, pendant 25 minutes.
- Ôtez la sauge puis mixez le velouté avec tout ou une partie du jus de cuisson pour obtenir la consistance désirée. Rectifiez l'assaisonnement en sel et poivre si nécessaire.
- Réchauffez le velouté avant de servir, versez-le dans les bols et décorez avec les feuilles de persil frais et des lamelles de parmesan.

Astuce

Faire tremper les gousses d'ail pendant quelques minutes dans de l'eau tiède permet de les éplucher ensuite plus facilement.

Le conseil en + : servez ce velouté dans des petits bols, accompagné de « mouillettes » de pain aux céréales grillé.

Tourin à l'ail

Pour 4 personnes :

20 gousses d'ail
3 œufs
50 g de vermicelles
1 cuillère à soupe de graisse de canard
1 bouillon cube (ou 1,5 litre de bouillon de volaille ou de légumes maison)
1 cuillère à café de vinaigre de vin

Préparation :

- Faites tremper les gousses d'ail non épluchées dans un bol d'eau tiède pendant 10 minutes. Puis égouttez-les, épluchez-les, dégermez-les et émincez-les grossièrement.
- Faites fondre la graisse de canard dans une casserole et ajoutez les gousses d'ail. Laissez-les

dorer quelques minutes puis déposez-les sur un papier absorbant afin d'éponger l'excès de gras.

- Dans la casserole rapidement épongée avec un papier absorbant, versez 1,5 litre d'eau et le bouillon cube (ou 1,5 litre de bouillon maison). Ajoutez l'ail et laissez cuire à feu doux pendant 25 minutes.
- Versez les vermicelles et laissez cuire 4 minutes (vérifiez le temps de cuisson indiqué sur le paquet et retirez 1 minute).
- Pendant ce temps, cassez les œufs en séparant les blancs et les jaunes.
- Versez les blancs dans la soupe en fouettant et laissez frémir 1 minute (pas plus). Éteignez le feu.
- Dans un petit bol, mélangez les jaunes d'œufs et le vinaigre, ajoutez un peu du bouillon et reversez le tout dans la casserole en mélangeant bien. Servez sans attendre.

Le saviez-vous ?

Cette soupe est une spécialité du Sud-Ouest traditionnellement offerte aux jeunes mariés avant leur nuit de noces, en raison des soi-disant vertus aphrodisiaques de l'ail !

Petits flans d'ail au coulis de tomates

Pour 4 personnes :

1 tête d'ail

½ litre de crème fraîche liquide entière

4 œufs

Quelques feuilles de basilic

1 petite boîte de sauce tomate

1 noix de beurre

Sel, poivre du moulin

Matériel spécifique : 4 ramequins

Préparation :

- Séparez les gousses d'ail et laissez-les tremper, non épluchées, dans un bol d'eau tiède pendant 10 minutes.
- Au bout de ce temps, égouttez les gousses d'ail, épluchez-les et dégermez-les. Puis coupez-les en deux.

- Versez la crème dans une casserole et ajoutez les gousses d'ail. Portez à ébullition et laissez cuire 10 minutes à petits bouillons. Puis mixez le tout.
- Préchauffez le four thermostat 6 (180 °C).
- Dans un bol, cassez les œufs et battez-les en omelette. Ajoutez la crème à l'ail refroidie. Salez et poivrez.
- Beurrez les ramequins et versez la préparation. Faites cuire les flans au bain-marie (dans un grand plat rempli d'eau) pendant 40 minutes.
- 5 minutes avant la fin de la cuisson, faites réchauffer la sauce tomate et rincez les feuilles de basilic.
- Une fois les flans cuits, sortez-les du four, ajoutez un peu de sauce tomate et décorez de feuilles de basilic. Servez sans attendre.

Le conseil en + : pour une présentation encore plus jolie, démoulez les flans d'ail sur des assiettes de service, ajoutez la sauce tomate tout autour et décorez avec les feuilles de basilic.

Dents d'ail marinées au basilic

Pour 4 personnes :
2 têtes d'ail (avec des grosses gousses si possible)
12,5 cl de vinaigre blanc
Huile d'olive
Quelques feuilles de basilic
1 cuillère à café de grains de poivre noir
Sel

Préparation :
- Détachez et épluchez les gousses d'ail.
- Dans une casserole, versez le vinaigre, ajoutez les gousses d'ail et un peu de sel. Portez à ébullition et arrêtez dès le premier bouillon. Laissez infuser pendant 15 minutes.
- Égouttez les gousses d'ail. Versez-les dans un bocal en verre, ajoutez les feuilles de basilic rincées et le poivre. Recouvrez d'huile d'olive. Fermez le bocal et entreposez-le au réfrigérateur.
- Patientez un jour ou deux avant de déguster vos dents d'ail. Consommez-les dans la semaine.

Le conseil en + : ces dents d'ail, au goût très doux, se dégustent à l'apéritif.

Salade tomates-mozza à l'aillet

Pour 4 personnes :
4 belles tomates cœur de bœuf
2 boules de mozzarella au lait de bufflonne
2 tiges d'aillet
4 cuillères à soupe d'huile d'olive extra-vierge
Fleur de sel, poivre du moulin

Préparation :

- Lavez les tomates et détaillez-les en tranches fines.
- Coupez la mozzarella en tranches.
- Rincez les aillets et émincez-les très finement (le vert et le blanc).
- Disposez les tranches de mozzarella et de tomates dans quatre assiettes de service. Répartissez l'aillet émincé par-dessus. Arrosez d'huile d'olive, puis saupoudrez de fleur de sel et poivrez. Servez sans attendre.

Le conseil en + : vous pouvez ajouter quelques feuilles de basilic frais.

Soupe à l'ail des ours

Pour 4 personnes :

50 g de feuilles d'ail des ours
300 g de pommes de terre
1 oignon
1 cube de bouillon de légumes
1 cuillère à soupe d'huile d'olive
50 ml de crème fraîche
Sel, poivre du moulin

Préparation :

- Pelez et hachez finement l'oignon.
- Lavez et épluchez les pommes de terre, coupez-les en dés.
- Dans une casserole, faites chauffer l'huile d'olive et ajoutez l'oignon. Laissez-le fondre quelques minutes à feu doux. Ajoutez les pommes de terre, le cube de bouillon et 1 litre d'eau. Portez à ébullition et laissez cuire à petits bouillons pendant 20 minutes.
- Pendant ce temps, rincez et émincez finement l'ail des ours. Ajoutez-le dans la casserole 5 minutes avant la fin de la cuisson.
- Mixez le tout, reversez la soupe dans la casserole et ajoutez la crème. Salez et poivrez. Faites réchauffer à feu doux sans laisser bouillir.
- Servez immédiatement.

Tartinade à l'ail des ours

Pour 4 personnes :
200 g de fromage frais (type Carré frais nature)
3 feuilles d'ail des ours
1 échalote
Sel, poivre du moulin

Préparation :

- Lavez et hachez l'ail des ours.
- Pelez et émincez très finement l'échalote.
- Dans un bol, écrasez le fromage frais. Ajoutez l'échalote, l'ail des ours, salez légèrement et poivrez.
- Mettez au frais jusqu'au moment de servir.

Le conseil en + : cette tartinade est idéale à l'apéro, sur des petits croûtons de pain légèrement grillés.

Astuce

Pour une version plus légère, vous pouvez aussi préparer cette tartinade avec du fromage blanc à la place du fromage frais. Elle sera plus liquide : utilisez-la dans ce cas pour accompagner des pommes de terre chaudes cuites à l'eau ou à la vapeur.

PLATS ET ACCOMPAGNEMENTS

Poulet aux 33 gousses d'ail

Pour 4 à 6 personnes :
1 poulet fermier vidé
33 gousses d'ail (soit environ 2 têtes d'ail)
30 g de beurre
1 bouquet garni
2 feuilles de laurier
1 branche de thym
4 tranches de pain de campagne
Sel, poivre

Préparation :

- Salez et poivrez l'intérieur du poulet puis glissez-y le bouquet garni.
- Détachez les gousses d'ail (mais ne les épluchez pas).
- Dans une cocotte, faites fondre le beurre, et faites dorer le poulet sur tous les côtés. Ajoutez tout autour les gousses d'ail non épluchées, le laurier et le thym.
- Refermez la cocotte et faites cuire le poulet 40 minutes à feu moyen sans soulever le couvercle.
- En fin de cuisson, faites griller les tranches de pain.
- Servez le poulet, accompagné de ses 33 gousses d'ail. Vous les presserez entre les doigts afin de récupérer la chair et de l'étaler sur les tranches de pain grillé.

Le saviez-vous ?

Le poulet aux 33 gousses d'ail est un plat traditionnel du Sud-Ouest. Dans certaines versions de cette recette, on met 40 gousses d'ail.

Gigot à l'ail

Pour 4 personnes :

1 beau gigot (1 kg)
1 tête d'ail
2 cuillères à soupe d'huile d'olive
50 g de beurre ramolli
Quelques brins de thym et de romarin frais
Quelques feuilles de laurier
Sel, poivre du moulin

Préparation :

- Préchauffez le four thermostat 7 (200 °C).
- Séparez les gousses d'ail. Épluchez-en quelques-unes (4 ou 5) et coupez-les en lamelles. Gardez les autres entières non épluchées.
- Déposez le gigot dans un grand plat à four et insérez les lamelles d'ail sous la peau en faisant des petites entailles. Badigeonnez-le avec le beurre ramolli et l'huile d'olive. Ajoutez le thym, le romarin et les feuilles de laurier. Versez un verre d'eau dans le fond du plat, puis les gousses d'ail non épluchées. Salez et poivrez.
- Enfournez et laissez cuire environ 1 heure en arrosant régulièrement la viande avec son jus de cuisson.

Le conseil en + : une fois le gigot cuit, enveloppez-le d'une grande feuille de papier-alu et laissez-le reposer 10 minutes. La viande sera encore plus savoureuse.

Spaghettis *alle vongole* (coques, ail et persil)

Pour 4 personnes :
700 g de coques ou de palourdes
250 g de spaghettis
4 gousses d'ail
1 bouquet de persil plat
1 cuillère à soupe d'huile d'olive
2 cuillères à soupe de gros sel

Préparation :

- Rincez et grattez les coques ou les palourdes. Laissez tremper 15 minutes dans de l'eau additionnée d'une cuillère à soupe de gros sel.
- Pendant ce temps, faites cuire les pâtes dans un grand volume d'eau bouillante additionnée d'une cuillère à soupe de gros sel le temps indiqué sur le paquet.
- Lavez et ciselez le persil.
- Pelez et dégermez les gousses d'ail. Hachez-les finement.

• Dans un faitout, faites chauffer l'huile d'olive et ajoutez les coquillages. Remuez de temps en temps et laissez cuire jusqu'à ce que les coquillages soient ouverts. En fin de cuisson, ajoutez l'ail et le persil, mélangez bien.
• Une fois les pâtes cuites, égouttez-les et ajoutez les coquillages. Mélangez le tout. Servez sans attendre.

Omelette aux courgettes et au vert d'ail frais

Pour 4 personnes :
8 œufs
Le vert d'une tête d'ail fraîche
2 petites courgettes
2 cuillères à soupe de crème fraîche liquide
1 cuillère à soupe d'huile d'olive
Sel, poivre

Préparation :
• Lavez les courgettes, ôtez leurs extrémités et coupez-les en tout petits cubes.
• Rincez le vert d'ail et coupez-le en petits tronçons.

• Faites chauffer l'huile d'olive à feu doux dans une poêle. Ajoutez les dés de courgettes et les tronçons de vert d'ail. Faites revenir pendant 6 à 7 minutes (les courgettes doivent rester légèrement croquantes) en remuant régulièrement.

• Pendant ce temps, battez les œufs entiers dans un saladier avec la crème fraîche. Salez et poivrez.

• Ajoutez les œufs battus dans la poêle et laissez cuire à feu doux jusqu'à obtenir la consistance désirée.

• Servez sans attendre.

Pâtes aux petits pois, au parmesan et à l'aillet

Pour 4 personnes :

250 g de grosses pâtes (rigatoni par exemple)
200 g de petits pois surgelés
2 aillets
2 cuillères à soupe d'huile d'olive
100 g de parmesan
Gros sel, poivre du moulin

Préparation :

• Rincez et émincez finement l'aillet.

• Portez à ébullition un grand volume d'eau additionnée de gros sel. Ajoutez les pâtes et les petits pois. Laissez-les cuire le temps indiqué sur les paquets (normalement 12 minutes pour les pâtes et pour les petits pois).

- Pendant ce temps, détaillez le parmesan en copeaux à l'aide d'un économe ou d'un couteau.
- Une minute avant la fin de la cuisson, ajoutez les aillets émincés dans l'eau de cuisson.
- Égouttez les pâtes aux petits pois puis versez-les dans un grand plat, salez, poivrez et ajoutez l'huile d'olive. Servez immédiatement décoré des copeaux de parmesan.

Le conseil en + : les petits pois surgelés cuisent généralement en 11 à 12 minutes. Pour vous faciliter la tâche, choisissez des pâtes qui cuisent le même temps, par exemple les rigatoni.

Quiche aux aillets

Pour 4 personnes :
1 rouleau de pâte brisée
2 bottes d'aillets
100 g de lardons
3 œufs
20 cl de crème fraîche
Sel, poivre

Préparation :

- Rincez et émincez finement les aillets (le vert et le blanc).
- Dans une poêle antiadhésive, faites revenir les lardons à feu doux, puis ajoutez les aillets émincés. Laissez-les fondre tout doucement, en remuant souvent, pendant 10 à 12 minutes environ.
- Pendant ce temps, déroulez la pâte brisée et garnissez-en un moule à tarte recouvert d'une feuille de papier sulfurisé.
- Préchauffez le four thermostat 6 (180 °C).
- Dans un saladier, battez les œufs avec la crème fraîche, salez légèrement et poivrez.
- Versez les aillets et les lardons sur le fond de tarte. Recouvrez avec les œufs battus.
- Enfournez 25 minutes environ.
- Servez bien chaud, accompagné d'une salade verte assaisonnée d'un filet d'huile d'olive.

SAUCES ET CONDIMENTS

Croquettes d'ail

Pour 4 personnes :
16 gousses d'ail
1 œuf
2 cuillères à soupe d'huile d'olive
3 cuillères à soupe de chapelure

Préparation :

- Pelez les gousses d'ail.
- Dans un bol, battez l'œuf entier et 1 cuillère à soupe d'huile.
- Trempez les gousses d'ail dans le mélange œuf-huile, puis dans la chapelure.
- Faites chauffer l'huile dans une sauteuse, et déposez les gousses d'ail. Faites-les cuire 3 à 4 minutes.
- Égouttez-les sur un papier absorbant et servez.

Le conseil en + : idéal pour accompagner une viande.

Beurre d'ail

Pour 6 personnes :
125 g de beurre ramolli
12 gousses d'ail
3 échalotes
1 cuillère à café d'huile d'olive
Quelques brins de persil
Sel, poivre

Préparation :

- Pelez et dégermez les gousses d'ail.
- Épluchez les échalotes et coupez-les grossièrement.
- Faites blanchir les gousses d'ail 4 à 5 minutes dans une petite casserole d'eau bouillante. Égouttez-les puis mixez-les avec les échalotes, le beurre et l'huile d'olive.
- Lavez et ciselez le persil. Ajoutez-le dans la préparation et mixez à nouveau de manière à obtenir une pâte bien lisse.

Le conseil en + : ce beurre d'ail se conserve quelques jours au réfrigérateur. Vous pouvez également le mettre au congélateur. Il est idéal pour agrémenter une viande ou un poisson grillé, ou pour préparer la fameuse recette des escargots à l'ail.

Purée d'ail à la libanaise

Pour 6 personnes :
2 têtes d'ail
4 cuillères à soupe d'huile d'olive
Quelques gouttes de jus de citron
Sel

Préparation :

- Séparez les gousses d'ail, pelez-les et dégermez-les. Plongez-les 5 minutes dans une casserole d'eau bouillante.
- Égouttez-les puis mixez-les avec l'huile d'olive, le jus de citron et un peu de sel, jusqu'à obtenir une préparation bien lisse.

Le conseil en + : à consommer rapidement, le jour même ou le lendemain. Cette sauce s'utilise en accompagnement d'une viande ou d'une volaille grillée. On peut également la servir à l'apéritif, tartinée sur des morceaux de pain libanais.

Pistou

Pour 4 personnes :
4 gousses d'ail
1 bouquet de basilic frais
10 cl d'huile d'olive extra-vierge
Sel

Préparation :

- Lavez et effeuillez le basilic.
- Épluchez et dégermez les gousses d'ail. Coupez-les grossièrement.
- Mixez l'ail et le basilic avec l'huile d'olive et une pincée de sel, jusqu'à obtenir une texture homogène.

Le conseil en + : vous pouvez aussi réaliser cette sauce selon la méthode traditionnelle, avec un mortier et un pilon. Parfait pour accompagner des pâtes ou agrémenter des papillotes de poisson ou de volaille…

Aïoli

Pour 4 personnes :
10 gousses d'ail
Huile d'olive extra-vierge
Fleur de sel

Préparation :

- Épluchez les gousses d'ail, ajoutez 1 pincée de fleur de sel et écrasez-les longuement dans un mortier jusqu'à obtenir une purée bien homogène.
- Ajoutez de l'huile d'olive goutte à goutte en tournant sans cesse de manière à obtenir une mayonnaise bien épaisse.
- Réservez au frais.

Le conseil en + : la vraie sauce aïoli se monte sans jaune d'œuf. Elle est plus difficile à réaliser, mais elle est aussi meilleure ! Cette sauce est l'indispensable partenaire du plat du même nom, composé de poisson (morue), de légumes cuits à la vapeur et d'œufs durs.

Pesto à l'ail des ours

Pour 4 personnes :
100 g de feuilles d'ail des ours
10 cl d'huile d'olive
10 g de sel

Préparation :

- Équeutez les feuilles d'ail des ours. Rincez-les et hachez-les très finement.
- Mélangez ce hachis avec l'huile d'olive et le sel.
- Versez dans des petits bocaux préalablement stérilisés.

Le conseil en + : ce pesto se conserve au frais pendant 12 mois. Une fois qu'il est entamé, veillez à le consommer rapidement. À déguster avec des pâtes, sur des tartines grillées…

Table des matières

CHAPITRE 2

Dans la même collection, aux éditions Leduc.s

Alix Lefief-Delcourt

978-2-84899-339-3

Julie Frédérique

978-2-84899-332-4

Alix Lefief-Delcourt

978-2-84899-384-3

Michel Droulhiole

978-2-84899-354-6

Michel Droulhiole

978-2-84899-291-4

Alix Lefief-Delcourt

978-2-84899-403-1

Alix Lefief-Delcourt

978-2-84899-428-4

Alix Lefief-Delcourt

978-2-84899-448-2

Julie Frédérique

978-2-84899-429-1

Pour recevoir notre catalogue, merci de bien vouloir photocopier, recopier ou découper ce formulaire et nous le retourner complété à :

Éditions Leduc.s
17 rue du Regard
75006 Paris

Vous pouvez aussi répondre au formulaire disponible sur Internet :

www.leduc-s.com

NOM : ....

PRÉNOM : ....

ADRESSE : ....

....

CODE POSTAL : ....

VILLE : ....

PAYS : ....

ADRESSE@MAIL : ....

ÂGE : ....

PROFESSION : ....

Titre de l'ouvrage dans lequel est insérée cette page :

L'ail malin

Lieu d'achat : ....

Avez-vous une suggestion à nous faire ?

....

....

....

À .... LE ....

Conformément à la loi Informatique et Libertés du 6 janvier 1978, vous disposez d'un droit d'accès et de rectification aux données personnelles vous concernant.